D1735657

Ruth Lapide / Walter Flemmer

Liebe, Lust und Leidenschaft

Ruth Lapide
Walter Flemmer

Liebe, Lust
und Leidenschaft

Familiendramen in der Bibel

KREUZ

© KREUZ VERLAG
in der Verlag Herder GmbH, Freiburg im Breisgau 2011
Alle Rechte vorbehalten
www.kreuz-verlag.de

Satz: de·te·pe, Aalen
Herstellung: fgb · freiburger graphische betriebe
www.fgb.de

Gedruckt auf umweltfreundlichem, chlorfrei gebleichtem Papier
Printed in Germany

ISBN 978-3-451-61076-9

Inhalt

Vorwort   7

Rachel – die heiß geliebte Frau Jakobs
und Stammmutter Israels   9

Josef – vom Patriarchensohn zum Großwesir   32

Moses und die zwölf Frauen   53

Aaron – vom Sinai zum Goldenen Kalb   79

Ruth – die fremde Geliebte und Ahnmutter
des Messias   104

Absalom – Aufstand gegen Vater David   127

Elischa – der getreue Nachfolger
des Propheten Elija   151

Judit – die Freiheitskämpferin   175

Vorwort

Die Bibel ist ein bemerkenswert menschliches Buch, in
dem alle Höhen und Tiefen des Menschseins durchschei-
nen. Betrüger, Huren, Lügner finden genauso Platz wie
Könige und eifernde Propheten, und Raum ist für Menschen, die sich von Gott geführt sehen.

Walter Flemmer befragt Ruth Lapide zu Gestalten des
Alten Testaments. Die jüdische Religionswissenschaftle-
rin deutet gemeinsam mit dem Journalisten und Schriftsteller die in vielen Büchern des Alten Testaments erschei-
nenden Personen und ihre Handlungen. Dabei gehen die
Gesprächspartner nicht wissenschaftlich-theologisch vor,
sondern lassen im lebhaften Dialog die Personen als Menschen mit all ihren Schwächen und Fehlern, aber auch
mit ihren Stärken auftreten. Es wird deutlich, wie sehr es
in der Bibel »menschelt«, wie alle Spielarten der Leidenschaften Frauen und Männer gefangen nehmen, wie Mit-
gefühl neben Hass steht und ein Sohn gegen den Vater
rebelliert, wie Schändung und Brudermord geschehen.
Trotzdem bestimmt eine unvergleichliche Heilsgeschichte alle Geschehnisse, denn die Menschen, die hier vorgestellt werden, befinden sich immer auch im Gespräch
und in der Auseinandersetzung mit Gott. Immer ist das
Wirken Gottes spürbar. Der Gott der Bibel ist nicht ein
ferner Gott, sondern er tritt den Menschen spürbar gegenüber. Das war die Erfahrung der Menschen damals –
und ist sie auch heute.

Anmerkung: Die Beiträge von Ruth Lapide sind in Nor-
malschrift, die von Walter Flemmer in Kursivschrift gesetzt.

Rachel – die heiß geliebte Frau Jakobs und Stammmutter Israels
(1. Mose 29–35)

In den meisten Grundtexten der Weltkulturen erscheinen mächtige Figuren, erscheinen Helden, erscheinen zum Teil auch schreckerregende Wesen. Ganz anders in der Bibel. Dort begegnen wir Menschen aus Fleisch und Blut, Menschen, die Leidenschaften haben, die Fehler, aber auch ihre positiven Seiten haben. Wir sehen uns einen dieser Menschen an: Rachel. Die Geschichte beginnt mit Isaak und Jakob. Isaak und Rebekka sagen zu ihrem Sohn Jakob: »Deine Frau holst du dir nicht bei unserem Stamm. Geh und hol dir deine Frau woanders!« Warum sagen sie das?

Weil Isaak in einem neuen Land und daher dort fremd war. Nehmen wir einmal an, Sie gehen mit Ihrer Familie nach Afrika oder nach Neuseeland. Da würde es Ihnen doch gefallen, wenn der Sohn zur gegebenen Zeit ein deutsches oder europäisches Mädchen heiratet? Bei aller Liebe und Großzügigkeit, die wir heute haben. Und hier kommt auch noch der Monotheismus als neue und zarte Pflanze mit in das Spiel. Er ist in dieser Umgebung völlig unbekannt, und man weiß doch, wie viel die Frauen zu sagen haben.

Wohin geht Jakob?

Er geht zurück zur Sippe nach Harran in der heutigen Südosttürkei, dorthin, wo sie herkommen. Dort sitzt noch der Rest der Familie. Er laviert an der Grenze zum Monotheismus dahin. Diese Familienmitglieder sind zumindest nicht mehr zu hundert Prozent Götzendiener, aber dem Götzendienst nicht ganz abhold.

Isaak sagt zu Jakob: »Schau dich in der eigenen Familie um. Es ist immer besser, wenn du eine Frau aus der eigenen Familie heiratest.«

Das ist doch heute genauso! Noch dazu, wenn es um eine Frau geht, die die Kinder der Familie zumindest in den frühen Jahren prägt. Das wussten schon die Alten in der Genesis-Geschichte. Dazu brauchen wir nicht erst Sigmund Freud. Dort heißt es: »Und der Mann folge seiner Frau!« Wir würden doch annehmen, dass in dieser patriarchalischen Gesellschaft die Frau mit dem Mann geht. Nein! Er folgt ihr! Die Frau hat das Sagen, und das spielt später eine große Rolle, wenn Jakob heiratet.

Aber nachher nimmt Jakob Rachel mit, und sie muss ihm sogar mit ihrer Schwester zusammen folgen. Doch dazu kommen wir später. Er zieht also etwas unsicher los. Er weiß nicht genau, wo sich Laban aufhält, zu dem er geschickt wird. Er geht durch das karge Weideland, die Halbwüste, und kommt dann müde an einen Ort, wo ein interessantes Ereignis stattfindet …

Wir müssen dabei zwei Dinge berücksichtigen: Erstens ist er ein Mamasöhnchen. Er ist ein zarter Schwächling, im Gegensatz zu den anderen Männern, die uns aus den Seiten der Bibel entgegentreten. Zweitens hat er ein schlechtes Gewissen und fürchtet sich vor seinem Bruder Esau. Diese beiden Tatsachen – nicht so kräftig und stark, und fürchtet sich – treiben ihn in die Ferne zu den Verwandten seiner Mutter Rebekka. Diese Mutter ist eine wunderbare Gestalt. Sie nimmt die ganze Last in der Familie auf sich, was ganz typisch ist. Es sieht so aus, als habe Isaak an einer Art Altersdemenz gelitten, denn er kann seine beiden Zwillingssöhne nicht mehr unterscheiden. Er fällt aus Schwäche auf eine Verkleidung herein. Er sieht nicht, er kann nicht unterscheiden, er kann nicht richtig sprechen. Er spürt, dass er alt, krank und schwach wird. Er will unbedingt den Segen der Verheißung weitergeben. Diesen Segen wollte er Esau geben, aber Jakob bekommt ihn.

Isaak fällt auf die Geschichte mit der Verkleidung herein. Aber er wird natürlich auch hereingelegt. Interessant ist doch, dass Jakob gar nichts dagegen hat, weggeschickt zu werden. Und Jakob erfüllt dann auch den Wunsch des Vaters.

Es geht hier ja nicht um das Erbe, um den Anteil am Vermögen. Von dem bekommt auch Esau seinen Anteil, genauso wie eine Generation zuvor auch Ismael seinen Teil bekommen hat. Bei der Verheißung geht es vielmehr um die Tradition des Monotheismus. Auch David bekam die Verheißung, obwohl er nur der siebte Sohn war und von seinen sechs älteren Brüdern einer schöner als der andere war.

Die Kontinuität des Monotheismus muss sichergestellt werden?

Ja, genau! Jakob ist nach meinem Eindruck zunächst gar nicht imstande, diese große Verantwortung zu tragen. Was lerne ich daraus? Irgendwann bekommt man eine große Aufgabe im Leben, bei der man sagt: »Ach Gott, das kann ich nicht!« Die Lektion ist doch, dass man mit der Aufgabe, der man sich stellt, wachsen kann. Genau das sehe ich bei dem kleinen, schwachen Jakob.

Jakob wandert durch die Steppe, durch die Wüste und kommt an einen Brunnen, an dem er ein paar Hirten mit Schafen sieht. Bei diesen erkundigt er sich: »Kennt ihr Laban und wisst ihr, wo er ist?«

Wo ist die Mischpoche? Diese Szene hatten wir schon zuvor einmal, als die Braut für Jakobs Vater gesucht wurde. Das war im selben Land und in derselben Mischpoche. Man könnte jetzt meinen, dass die Frauen arm seien, weil sie das Wasser holen müssen. Nein! Ich sehe das so, dass dies der einzige Ort war, um sich zu unterhalten. Dort treffen sich die Frauen untereinander. Es ist die einzige Möglichkeit, wo man einmal einen Blick auf diesen oder jenen Mann werfen kann.

Dort am Brunnen sagen sie: »Es ist noch nicht Zeit. Wir müssen warten, bis alle beisammen sind. Dann schieben wir den Stein weg, tränken alle Schafe und können dann heimziehen!« In dem Augenblick erscheint am Horizont eine Frau, eine Hirtin, wie es heißt, mit ihren Schafen. Das ist Rachel. Jakob schaut auf, und es muss das Wunder einer ersten Begegnung gewesen sein.

Warum soll man es nicht beim Namen nennen? Es ist Liebe auf den ersten Blick! Das gibt es in der Bibel gelegentlich. Man erwartet von der Bibel immer steinerne Kolosse, die keine Gefühle haben. Das ist eine ausgesprochene Liebesgeschichte! Und das spricht mich an!

Die Liebesgeschichte beginnt am Brunnen. Jakob schiebt den Stein weg, damit die Schafe getränkt werden können. Dann heißt es: »Er küsst Rachel. Er redet laut und er weint.« Was ist das für eine Situation? Ist er von dieser Liebe überwältigt?

Nein, das glaube ich nicht. Das ist eine Mischung. Erstens, die Liebe schlägt sofort ein. Zweitens, er weiß, dass er angekommen ist. Er war nun nächte- und tagelang unterwegs. Er hatte mehrere große Gotteserlebnisse: die Erscheinung der Himmelsleiter bei Bet-El. Und dann gab es dort die gleichen Risiken, die es heute noch im Orient gibt: Um das Wasser gibt es viele Streitereien und Kriege, denn Wasser ist dort das Kostbarste. Hier bei uns sagte man doch in gewissen Kreisen: »Die Fremden nehmen uns die Arbeit weg!« So ähnlich war es dort im Orient: »Die Fremden nehmen uns das Wasser weg!«

Das ist bis heute so und wird in Zukunft wahrscheinlich noch viel schlimmer werden.

Es ist ein unglaubliches Erlebnis, dass alles klappt. So wie ich es lese, weint Jakob vor Rührung. Er hat zum einen eine Liebe entdeckt, zum anderen ist er an seinem Ziel angekommen, bei seiner richtigen Familie, bei der Mischpoche, und die Hirten nehmen ihn an. Es gibt keinen Eklat. Das ist ein Erfolgserlebnis.

Er zieht dann zusammen mit den Hirten zum Haus Labans, des Vaters von Rachel. Dort geschieht etwas Seltsames. Laban begrüßt ihn begeistert – »Du bist von meinem Blut!« – und öffnet Jakob das Haus. Jakob bleibt sichtlich gerne, da er auf Rachel ein Auge geworfen hat. Dann geht es aber los. Jakob tritt in den Dienst Labans ein. Wie kommt es dazu?

Laban ist Jakobs Onkel, aber er ist ein ganz mieser Typ! Der Bibelleser kennt ihn schon von der Geschichte, als Rebekka, die Mutter Jakobs, von Elieser unter sehr ähnlichen Umständen abgeholt wurde. Laban schaute schon bei Rebekka und tut es hier wieder, ob da nicht etwas zu holen ist. Damals bei Rebekka war etwas zu holen. Abraham war ein vermögender Mann und wollte eine Braut für seinen Sohn Isaak. Er hat Elieser gleich mit viel Vermögen und »Morgengaben« geschickt, wie man das so schön nannte.

Im Orient muss man für die Frau etwas geben. Das ist übrigens keine Bezahlung für die Frau. Wenn der Vater anständig ist, wird das für die Tochter zurückgelegt, falls sie in eine Notlage kommt. Laban ist inzwischen ein erfahrener älterer Herr und sieht gleich, dass es mit Jakob nicht dasselbe ist wie anno dazumal. Da ist nicht viel an Geld und Edelsteinen zu holen. Elieser hatte die schon bei sich. Laban hat natürlich wie jeder Vater gemerkt, dass Jakob Feuer für Rachel gefangen hat, daher lässt er ihn bluten.

Aber Laban sagt: »Warum soll ich dir meine Tochter nicht geben? Es ist doch besser, wenn ich sie dir gebe, als wenn ich sie einem Fremden gebe. Da bleibt sie wenigstens in der Verwandtschaft.«

Das sind Phrasen!

Er plaudert so dahin und nimmt dann aber Jakob für sieben Jahre in Dienst. Die Sieben ist eine heilige Zahl. Sie erscheint immer wieder in der Bibel. Jakob muss sieben Jahre dienen, die Schafe hüten und noch vieles mehr, um seine Frau zu bekommen. Das wird ihm versprochen. Hier erscheint das wunderbare Wort: »Die sieben Jahre sind ihm vergangen wie ein paar Tage, weil er sie so liebte.« – Ein Satz, der diese sieben Jahre in Lyrik verwandelt. Man muss sich das wohl so vorstellen, dass Jakob mit Rachel ständig Umgang hatte. Hat er sie jeden Tag gesehen, oder wie war das?

Da habe ich meine Zweifel. Denn im Orient lässt man bekanntlich die einander Versprochenen nicht miteinander umgehen. Das gibt es nicht! Sie werden nicht alleine gelassen. Wir lesen in der Bibel auch von Herden, die drei Tage fort sind. Die Tiere laufen nicht zu Hause um den Stall herum. Gelegentlich ist Laban selbst mit irgendeiner Herde fort.

Aber Jakob und Rachel treffen sich doch am Brunnen! Dort hätten sie einander noch einmal treffen können.

Nein, Rachel ist natürlich mit ihrer Schwester zu Hause. Die Mädchen werden zu Hause bei der Mutter gehalten.

Wieso? Rachel ist doch am Anfang mit der Herde zum Brunnen gekommen.

Ja, aber das ist doch im Ort, in Harran, in der Nähe des Hauses, während die Männer die weiter entfernten Herden hüten. Wie wir lesen, war Laban mit einer Herde eine Dreitagesreise entfernt, dort, wo es gerade Wasser oder etwas Grünes für die Tiere gab. Die mussten wandern. Ich könnte mir vorstellen, dass man Jakob nicht mit Glacéhandschuhen behandelt hat. Im Gegenteil! Man hat ihn rausgeschickt.

Aber umso größer natürlich die Liebe, wenn er Rachel sieben Jahre kaum gesehen hat und trotzdem in sie verliebt blieb.

Keine Frage! Das ist eine richtig große Liebesgeschichte. Sie können ruhig sagen, dass die Sieben eine Metapher ist. Alle Zahlen haben in der Bibel einen anderen Stellenwert als hier bei uns: die Drei, die 40 mit den 40 Jahren und den 40 Tagen. Diese Zahlenwerte sind sagenhaft.

Aber auch wenn es nicht exakt sieben Jahre nach unserem Ermessen waren, so wird damit doch ausgedrückt, dass es eine über Erwarten lange Zeit war. Es wird uns aber auch gesagt, dass es echte Liebe war. Es ist eine wunderschöne Liebesgeschichte, die da geschildert wird.

Dieser Schurke Laban befragt nach den sieben Jahren das ganze Dorf und richtet ein Hochzeitsfest aus. Alle bereiten sich auf die Hochzeit vor, und die Hochzeit wird auch vollzogen. Was tut dieser Schurke aber?

Es gibt bis auf den heutigen Tag eine Sitte im Orient, dass die älteste Tochter zuerst heiraten muss, denn sonst könnte man – Gott behüte – mit der Ältesten sitzen bleiben. Das war übrigens in Europa ganz ähnlich. Sehr viele ältere Töchter gingen deswegen auch in das Kloster, wenn sie nicht unter die Haube gebracht wurden.

Aber das hätte Jakob doch wissen müssen. Wieso hat er sich darauf nicht eingestellt? Wieso hat Jakob geglaubt, dass er die Rachel bekommen könnte?

Wie ist das denn, wenn man verliebt ist? Man gibt sich Illusionen hin – ich muss es gestehen. Man glaubt immer noch an Wunder, wenn man verliebt ist. Das hat Jakob! Auch später! Ich kann es nachvollziehen, angesichts einer so großen Liebe. Im hebräischen Originaltext wird von Laban als Arami gesprochen. Das ist ein interessantes Wort. Aram ist dieses Gebiet, in dem die Aramäer leben. Die großen Rabbinen drehen aber dieses Wort um. Im Hebräischen gibt es das oft, da Hebräisch eine sehr kompakte Sprache ist. Man liest oft so herum und so herum und versucht zu verstehen. So drehte man es zu »ramaj« um. Das ist eine Kleinigkeit, nur die Buchstaben werden verdreht. Dann heißt es jedoch »Betrüger«. Laban wird von Anfang an, schon von seiner Schwester und Mutter her, als Betrüger vorgestellt. Als solcher erweist er sich dann im Laufe der Geschichte auch. Jakob ist ein armer Junge, der momentan wegen der Streitigkeiten mit seinem Bruder nicht nach Hause kann und Laben ausgeliefert ist. Daher schiebt Laban Jakob in der Hochzeitsnacht Lea unter.

Lea ist die ältere Tochter. Sie ist nicht so schön wie Rachel.

Wenn die Bibel uns das schon sagt, will das etwas heißen. Rachel ist eine Schönheit und Lea ist nicht schön. Das bekommt man gesagt! Aber Lea ist natürlich kooperativ und spielt mit. Ich habe mich gefragt, wo da die Schwesternliebe bleibt. Sie hätte doch sagen müssen: »Nein, das mache ich nicht! Meine Schwester wartet seit sieben Jahren auf ihn! Sie ist verliebt.« Doch Lea spielt mit!

Am Morgen der Hochzeitsnacht entdeckt Jakob den Betrug. Im Zelt war es finster und Jakob hatte plötzlich Lea im Bett.

In der Bibel heißt es lakonisch: »Und die Sonne ging auf und es war Lea.« O Gott, wenn ich mir diesen Schreck vorstelle!

Was ereignet sich dann?

Jakob geht wütend zu Laban. Das ist eine Szene voll Wut. Von Rachel ist in diesem Moment nicht die Rede. Das heißt, die Töchter werden unterdrückt. Laban sagt: »Bitte schön, das ist bei uns so üblich. Ich kann dafür nichts. Das hättest du wissen müssen.« Jakob hat es aber in seiner Verliebtheit nicht zur Kenntnis genommen. Laban sagt zu ihm aber: »Gut, beruhige dich! Du bekommst auch die andere. Beruhige dich! Du kannst doch noch einmal sieben Jahre hier arbeiten.« Hier sehen wir die Gemeinheit des Laban. Jakob sagt darauf: »Ja, ich arbeite noch einmal sieben Jahre.« Nun hat er Lea. Was aber zumindest im deutschen Text nicht so deutlich steht, ist, dass Jakob aufbegehrt. Er will nicht so wie im ersten Fall zuerst arbeiten und erst dann wird geliefert – ich spreche jetzt im Ton von Laban –, sondern er verlangt die Rachel sofort und liefert seine Arbeitskraft nach. Darauf einigt er sich mit seinem Schwiegervater. Jetzt hat Jakob zwei Frauen. So weit sind wir gekommen.

Das Familiengeschäft beginnt mit der Geburt vieler Kinder, die ihm Lea schenkt. Da kommt eines nach dem anderen. Jetzt lesen wir in der Geschichte so eine seltsame Aussage, in der es heißt, dass er – und damit ist Gott gemeint – sich über Rachel ärgert. Daher kann Lea gebären und Rachel nicht. Gott trocknet ihren Schoß aus.

Das habe ich nicht so gelesen, ich sehe aber etwas anderes: Ich sehe hier eine Psychose aufkommen. Die Lea bekommt ein Kind nach dem anderen. Dann kommt ein merkwürdiger Ausdruck, den man auch im Neuen Testament findet: »die gehasste Frau«. Das ist wörtlich zitiert. Das kann aber doch nicht sein. Jakob hat mit ihr vier Söhne, und dann steht da »die gehasste Frau«? Das ist ein Ausdruck auch aus dem Neuen Testament, zum Beispiel im Lukas-Evangelium, wo Jesus sagt: »Der Mann, der seine Eltern und Kinder nicht hasst, kann nicht mein Jünger werden.« Das steht dort wörtlich so. Oder ein zweites Zitat von Jesus – auf gut Deutsch: »Wer sein Leben nicht hasst, wird keinen Anteil haben an der kommenden Welt.« Das passt nicht zu Jesus. Es ist derselbe Ausdruck wie hier: hintangesetzt. Lea wurde ganz bestimmt nicht gehasst!

Das scheint ein Übersetzungsproblem zu sein.

Ja, und das ist wichtig, das sagt viel aus. Man muss seine Kinder nicht »hassen«, um ein Jünger Jesu zu sein. Und Jakob hat immer die Rachel geliebt, aber Lea nicht gehasst, sondern hintangesetzt. Dadurch entsteht eine Psychose. Ich beobachte das auch immer wieder im alltäglichen Leben in meinem Bekanntenkreis. Eine Frau bekommt keine Kinder und wird hysterisch. Effektiv hysterisch! Und »hysterisch« leitet sich ja von »hyster« ab, was Gebärmutter heißt. In dieser Beziehung gehen die Frauen nicht sehr liebevoll miteinander um. Die, die Kinder hat, ärgert die andere. Das kommt immer wieder vor – in der Bibel und bis auf den heutigen Tag. Rachel verzweifelt. Es kommt dann zu der Szene, in der sie zu Jakob wörtlich sagt: »Ich will jetzt Kinder!« Ich will nicht obszön sein, aber eigentlich sagt sie es noch deutlicher: »Mach mir ein Kind, oder ich sterbe!« Wörtlich!

Jakob schreit sie an: »Bin ich denn Gott, der dir das Kind verweigert?«

Jakob haut auf den Tisch! Das war zu viel! Gott erbarmt sich dann der Rachel. Auch das kann man heute sehen. Das Ganze ist so menschlich.

Ich kenne in der Umgebung, in der ich wohne, Leute, die zehn Jahre lang keine Kinder bekamen. Die Frauen litten furchtbar, die Männer weniger, sie haben andere Interessen. Heutzutage adoptieren solche Paare dann ein Kind, und in dem Moment, in dem diese eingebildete

Schande der Kinderlosigkeit von der Frau genommen ist, löst sich oft die Sperre, und sie bekommt eigene Kinder. In unserer Geschichte bekommt Rachel immer wieder von Jakob vermittelt, dass sie seine Liebe hat, dass sie die Bevorzugte ist – und sie wird endlich schwanger.

Vorher sagt Lea immer noch nach jeder Geburt: »Er wird mich jetzt schließlich doch lieben. Jetzt habe ich ihm ein Kind gebracht, jetzt wird er sich als mein Mann bekennen und mir die gleiche Liebe zuteil werden lassen wie Rachel, die mir seine Liebe gestohlen hat.« Das meint sie zumindest.

Die beiden haben sich gegenseitig geärgert, sie haben sich gegenseitig wahnsinnig sekkiert. Es gibt in der Bibel immer wieder kleine Hinweise darauf. Wo wohnt Jakob zum Beispiel meistens? Das wird uns erzählt. Er wohnt meist im Zelt der Rachel. Er zieht Rachel vor, er liebt Rachel nach wie vor. Und Lea ist nicht schön, auch das wird uns immer wieder erzählt. Sie leidet darunter, wenn sie einige Zeit mal keine Kinder bekommt. Sie hat vier Söhne, dann hört es auf.

Rachel bekommt dann Kinder durch einen weiteren Trick – so kann man wohl sagen. Ihre Magd tritt für sie ein. Ist das ein üblicher Vorgang gewesen?

Ja. Wie bei Sara. In der Bibel haben die Mütter immer wieder unter Kinderlosigkeit zu leiden. Und wissen Sie, warum das Leid so groß ist? Weil Kinder die Krankenkasse und die Altersversorgung waren und die Verantwortlichen für das Feld. Wie sollte man ohne Kinder auskommen können?

Ohne Kinder sind Frauen in jener Zeit im Grunde genommen nichts. Es heißt, nun wird Rachels Mann, dem Jakob, deren Magd zugeführt. Rachel sagt: »Gut, dann soll er mit ihr schlafen. Sie wird auf meinem Schoß gebären und bekindet mich«, so übersetzt es Martin Buber, »damit habe ich dann ein Kind.« War das eine Methode, wie man sich Nachkommen verschaffen konnte?

Nur in so einem Fall, wenn es nicht anders geht. Schon seit Sara. Noch im Mittelalter war es so. In diesem Fall gibt es eine Hauptfrau – in China, wie ich gelesen habe, bis heute. Wenn die Hauptfrau keine Kinder gebären kann, dann wird das von ihrer Nebenfrau oder ihrer Magd geborene Kind auf ihren Schoß gelegt und ihr zugesprochen. So läuft es auch bei Sara und Ismael. Auch Luther gibt in einer Glosse Hinweise darauf: Bekinden nach den Usancen des Mittelalters.

Interessant ist, dass Lea in ihrer Not und Verzweiflung, da sie nach vier Söhnen einmal kein Kind bekommt, das Gleiche macht: Sie holt ihre Magd Silpa, die dann Kinder bekommt, die Lea zugesprochen werden. Die beiden Frauen, die beiden Schwestern Lea und Rachel, waren nicht glücklich. Sie können einem leidtun.

Jakob hat plötzlich eine ganz große Kinderschar.

Aber es fällt mir etwas auf, was Jakob betrifft: Wir wissen erst seit knapp hundert Jahren, dass an der Kinderlosigkeit nicht automatisch die Frau schuld sein muss. Auch wenn er Kinder gehabt hat, finde ich es seltsam, dass diese Idee in der ganzen Geschichte nie aufkommt. Die Frauen zerfleischen sich, aber es ist doch gar nicht gesagt, dass immer die Frau schuld sein muss.

Ja, aber in diesem Fall war es eindeutig. Über Rachel wird gesagt, dass ihr Gott den Schoß versiegelt hat, weil er sich darüber geärgert hat, dass Lea bei der Eheschließung ursprünglich übergangen werden sollte.

Wir müssen uns 4000 Jahre zurückversetzen. Alles, was im Leben geschieht, interpretiert man entweder als Strafe, Sanktion für irgendetwas, als Aufruf zur Besserung bis hin zur Möglichkeit der Dämonenaustreibung. Das ist hier nicht der Fall. Trotzdem machen sich Jakob und seine Frauen darüber Gedanken – inzwischen gibt es eine ganze Menge Kinder.

Das ist klar. Doch eigentlich ist Rachel immer unschuldig gewesen. Was kann sie dafür, dass sich Jakob in sie verliebt hat? Was kann sie dafür, dass der Vater dem Jakob die Lea untergeschoben hat?

Eine schöne Frau – und das wird uns in der Bibel nicht verheimlicht – kann gegenüber den weniger Schönen ein bisschen eitel sein. Eine unglaublich menschliche Geschichte wird uns da erzählt.

Die Kinderlosigkeit wäre dann aber eine unheimlich scharfe Strafe. Rachel hat ein Leben lang gebangt und ein Leben lang darauf hingearbeitet, selbst ein Kind zu bekommen. Das ist ihr dann auch gelungen. Wie ist das geschehen?

Noch bevor Josef geboren wird, kommt eines Tages Ruben nach Hause und bringt eine Pflanze mit, die in der Bibel Duda'im heißt.

Liebesäpfel, ein komisches Wort.

Das war vielleicht irgendein empfängnisförderndes Mittel. Ich sehe das ganz nüchtern. So wie heute mit allem Möglichen gehandelt wird – Kräuterfrauen gibt es auch heute wieder. Er bringt also irgendso eine Wurzel, und beide Frauen stürzen sich darauf. Lea bekommt gerade nach vier Geburten keine Kinder mehr. Sie meint, dass vom Kinderkriegen die Liebe abhängt. Das ist ihre Psychose. Sie meint, dass sie nur so den Weg zu dem Mann findet, der ihrer Schwester total verfallen ist. Lea strahlt jetzt also: »Die Wurzel wird mir zu einer neuen Serie von Kindern verhelfen.« Rachel ist daraufhin außer sich! Sie hat in diesem Stadium der Geschichte noch gar kein Kind. Sie bittet ihre eigene Schwester zuerst in Güte: »Bitte, Lea, hilf mir aus! Du hast bereits vier Kinder, ich habe noch gar keines. Gib mir die Pflanze, die dein Sohn gebracht hat.« Lea sitzt auf dem hohen Ross: »Das kommt nicht infrage! Um keinen Preis!« Es fängt ein Feilschen und Handeln an. Das Beschämendste daran ist, dass Rachel bis zum Äußersten geht und ihrer Schwester anbietet, die Nacht bei Jakob an sie abzutreten. Ich hatte es schon erwähnt, dass Jakob sein Domizil in der Regel bei Rachel hatte. Hier sage ich immer: Wer behauptet, die Frauen im Alten Testament seien Dummchen und Schwächlinge gewesen, der liegt falsch. Sie verhandeln hier über das Recht der Nacht mit dem Mann! Rachel tritt in ihrer ganz großen Not die Nacht bei Jakob ab.

Das ist natürlich für Lea eine feine Sache. Jakob hat nicht mehr mit ihr geschlafen, und nun hat sie die Gelegenheit, möglicherweise noch einen Sohn zu bekommen.

Ja, und es klappt! Sie bekommt nun ein fünftes Kind, was direkt darauf zurückzuführen ist. Rachel muss noch eine ganze Weile warten.

Aber sie hat das Kraut. Und jetzt?

Die Bibel lässt das offen. Es geschieht dann das große Wunder, dass Rachel dieses wunderbare Kind, eben Josef, gebiert. Alle Namen der Söhne haben eine Bedeutung, die auf ihre Sendung, ihren Charakter oder ihre Hoffnung schließen lässt, oder auf das, was ihre Mütter bei ihrer Geburt gefühlt haben. Josef ist auch ein schöner christlicher Name – nach dem Neuen Testament sowieso –, der zwei Bedeutungen hat. Erstens »asaf«, also »Gott hat mir die Schande genommen«; eine Jubelszene steckt in dem Namen. Gott hat die Schande von Rachel genommen, dass sie keine Kinder bekommen kann. Zweitens »Josef« in der Bedeutung »hoffentlich werden noch andere kommen«. Kinder!

Dann versammelt Jakob seine Kinder und seine Frauen um sich und sagt: »Jetzt ist es aber Zeit. Ich will zurück zu meiner Familie und nehme meine ganze Mischpoche mit.« Laban erwidert: »So einfach geht das nicht«, und betrügt ihn wieder. Jakob hat für Laban bis dahin die Herden gehegt und seinen Reichtum vermehrt, doch Laban meint: »Du hast doch vorher gar nichts gehabt. Ich habe dir das alles ermöglicht. Die Tiere haben sich zu Hunderten vermehrt.« Dann geht wieder ein seltsamer Kuhhandel los.

Bevor wir auf den Kuhhandel kommen, sollten wir mal überlegen, die folgende Geschichte einem Tierzuchtfachmann und Genetiker vorzulegen. Ich möchte liebend gerne wissen, was da vorgeht. Es gibt da die Stelle, wo die Schafe der Herden auseinandersortiert werden. Jakob kann das. Ich habe schon manchen Bauern gefragt, wie man erkennt, wem welches Schaf gehört, aber keiner versteht das, was uns die Bibel erzählt, so recht.

Das geht der Bibel zufolge mit geschälten Weidenstäbchen. Ja-
kob lässt sich jedenfalls einen Trick einfallen, um den Teil der
Herde zu bekommen, den ihm Laban vorenthalten will, ein
Verfahren, nach dem die kräftigen Tiere ihm, die schwächlichen
Laban zufallen mussten.

Ich weiß es nicht. Hier muss ein Vorläufer der moder-
nen Genetik eine Rolle spielen. Laban hat auf jeden Fall
eine Stinkwut, obwohl Jakob entsprechend ihrer Ver-
abredung handelt: Die »gepunkteten« und »gestreiften«
Tiere werden geteilt. Aber irgendetwas geschieht. Ein
ganz frommer Mensch wird sagen: »Gott hat Jakob gesegnet.« Das kann man so sagen.

Immer wieder wird gesagt, dass Jakob gesegnet und geführt ist.

Es stellt sich heraus, dass Jakob eine Riesenherde hat.
Laban hatte außer den Töchtern auch Söhne; eine feind-
selige und neidische Stimmung kommt auf, und Jakob
muss noch sechs Jahre dableiben.

Laban rekurriert darauf: »Die gehören ja mir!« Auch die Töch-
ter gehörten ihm. Letztendlich dient Jakob 20 Jahre lang bei
Laban. Dann sagt er: »Jetzt reicht es mir aber! Jetzt packe ich
alle bei Nacht und Nebel ein und verschwinde. Das lasse ich
mir von dem Laban nicht mehr bieten.« Und Jakob zieht mit
seinen Frauen und Kindern einfach los.

Ja, und hier gibt es zwischen den Zeilen so wunderschöne Kleinigkeiten. Plötzlich kommt eine gewisse
Debora. Das ist die Amme der Rebekka gewesen, und sie
ist das vereinbarte Zeichen von Rebekka. Anno dazumal
hat sie gesagt: »Ich werde es dich wissen lassen, wenn du
wieder zurückkommen kannst. Wenn vonseiten Esaus

keine Lebensgefahr mehr besteht.« Es erscheint doch völlig unwichtig, wenn plötzlich die Amme der Rebekka erscheint. Sie muss inzwischen eine uralte Frau sein, man bedenke, es ist die Amme seiner Mutter. Aber ihr Erscheinen spielt eine große Rolle, denn es ist das Zeichen, dass Jakob wieder nach Hebron zurückkehren kann. Deswegen macht er sich auf den Weg.

Warum stiehlt nun Rachel ihrem Vater etwas? Auch noch etwas für ihn sehr Wichtiges!

Das ist die Frage der Fragen. Wir dürfen davon ausgehen, dass Jakob und seine Familie Monotheisten sind und den Gott Israels verehren, denn Jakob hat fortwährend Gotteserscheinungen, in Bet-El und in Penuel und an allen möglichen Orten. Was lässt Rachel also mitgehen? Es sind die Hausgötzen des Laban! Die meisten Ausleger sagen, dass diese Terafim, so heißen diese Hausgötter, Insignien des Familienoberhauptes sind und ihre Macht an den Haupterbberechtigten übergeht – ob man daran glaubt oder nicht. Und wir sehen schon die ganze Zeit, dass Rachel sehr impulsiv ist – so lese ich den Text. Sie nimmt diese Figuren einfach mit und will damit ein Zeichen setzen.

Nimmt sie sie mit, um ihrem Vater etwas wegzunehmen, oder um für sich selbst die Kraft der Hausgötter zu nutzen?

Das ist hier die Frage, darum bin ich mit meiner Ausdrucksweise etwas vorsichtiger. In den damaligen Zeiten waren Figuren von Hausgöttern im Orient normalerweise das Zeichen, dass der Inhaber der Erbe ist. Und ob ich daran glaube oder nicht, wer diese Figuren erhält, dem gehört der Anspruch.

Franz Rosenzweig und Martin Buber übersetzen das hebräische Wort »Terafim« mit »Wunschlarven«. Was aber »Wunschlarven« sein sollen, weiß auch niemand.

Es war auf alle Fälle etwas Besonderes, denn sie hatten vielerlei Götzenbilder, aber diese Terafim hatten eine besondere Funktion: Der Inhaber ist der Chef der Familie, der Inhaber der Tradition. Es kann aber auch sein, dass Rachel einfach ein Spiel spielen wollte. Vielleicht glaubt sie in ihrer Not auch an diese Kraft, denn sie hat psychisch viel mitgemacht. Aber schlitzohrig ist sie auf alle Fälle.

Ein paar Tage vergehen. Laban entdeckt, dass die Familie weg ist. Er schwingt sich auf sein Pferd oder auf sein Kamel und jagt ihnen nach.

Was wir vorhin gesagt haben, steht so ausdrücklich in der Bibel. Laban war drei Tage entfernt auf der Weide. – Hier haben wir schon wieder das Zahlensymbol. »Drei Tage« kommen in der Bibel oft vor, auch bei der Geschichte von Jesus. – Jetzt hat Laban Kummer über Kummer: Sein Zugriff auf Jakob ist zu Ende. Laban hätte ihn sonst noch 50 Jahre ausgenutzt. Vielleicht hat er auch eine Liebe zu seinen Töchtern und Enkelkindern verspürt. Außerdem sind die Terafim, diese Hausgötter, weg. Alles ist weg! Er hat Kummer über Kummer und schwingt sich auf sein Kamel. Immer wenn ich Bilder von Kamelrennen sehe, muss ich an Laban denken. Er macht sich auf und eilt Jakob und seiner Familie nach. Dann stoßen die beiden Männer aufeinander. Jakob sagt zu ihm: »Du, lass mich bitte in Ruhe! Ich habe dir meine Dienste geleistet. Und zwar wie! Schau dich um!«

»Aber du kannst ja nachschauen, ob wir deine Terafim haben. Bei dem du sie findest, der ist schuldig!«

Jakob tritt hier zum ersten Mal stark auf. Er hat sich verändert. Er weiß jedoch nicht, dass Rachel die Terafim mitgenommen hat. Rachel hat es ihm nicht gesagt.

Rachel ist ein gescheites Luder! Wie sie diese Terafim versteckt hat!

Sie ist ein Schlitzohr! Auf gut orientalisch! Sie sagt zu ihrem Vater: »Papa, du kannst hier selbstverständlich mein ganzes Zelt anschauen. Bitte!« Sie schaut gelassen zu, wie er alles auf den Kopf stellt. Sie selbst sitzt auf dem Kamel. Die Terafim müssen kleine, wertvolle Statuen gewesen sein. Rachel hat sie unter dem Kissen, auf dem sie auf dem Kamel sitzt, versteckt. Das wird in der Bibel genau beschrieben. Laban wütet herum und sagt dann: »Lass mich das Kamel einmal anschauen!« Und Rachel erwidert: »Papa, eigentlich müsste ich herabsteigen und dich begrüßen, aber das geht heute nicht!« Sie sagt es ihm ganz deutlich: »Ich habe den Weg der Frauen!« Darüber macht man im Orient keine Witze.

Da muss Laban sofort zurückstecken, und Jakob kann mit Rachel, der ganzen Familie und der ganzen Herde weiterziehen.

Viel später werden die Terafim noch einmal erwähnt: Als Jakob schon zu Hause ist und die Familie etabliert ist, begräbt Jakob die Statuen. Das heißt, sie haben eine große Rolle gespielt. Er begräbt sie bei Hebron auf dem Land.

Die Familie wandert also zurück. Jakob versöhnt sich mit Esau, so kann man vielleicht verkürzt sagen. Zumindest kommt es

nicht zur großen Feindschaft. Rachel wird dann in die Familie
aufgenommen.

Da habe ich noch eine Sache, die mich immer sehr an-
spricht, weil ich die Geschichte so gerne erzähle. Man
merkt hier wieder Jakobs Liebe. Jakobs Tross kommt auf
Esau zu, und er selbst hört, dass ihm Esau seinerseits mit
400 Mann entgegenkommt. Man kann nicht wissen, ob
der Bruder in friedlicher Absicht kommt oder nicht. Hat
er die Sache von damals verschmerzt oder nicht? Jakob
ist inzwischen sehr vermögend und hat Knechte, Mägde
und Herden. Er teilt das Lager. Vorne muss Lea mit ihren
Kindern hin und ganz weit hinten kommt erst Rachel mit
ihrem Josef. Ist das Liebe oder nicht? Die Sache ist heikel,
doch sie geht gut aus. Jakob weiß bis zum letzten Moment nicht, wie es mit Esau sein wird. Aber Esau lässt
sich besänftigen. Auch er ist inzwischen vermögend geworden, hat Frauen, hat Kinder. Im Gegensatz zu Jakob
ist er ein ziemlicher Rowdy. Heute würden wir sagen,
dass er ein Macho ist. Aber das Aufeinandertreffen, die
Konfrontation mit Esau, läuft friedlich ab.

Dann gebiert Rachel noch einen weiteren Sohn. Das ist offen-
sichtlich die Erfüllung eines gewaltigen Wunsches. Aber es ist
auch das Ende der Rachel-Geschichte.

Es ist so rührend, die diversen medizinischen Befunde
oder Diagnosen in der Bibel zu lesen. Hier lese ich immer
mit ganz großer Rührung die Szene mit der Hebamme,
als Rachel gebiert. Sie wollte unbedingt und um jeden
Preis ein Kind, die Liebe und die Ausstrahlungskraft einer Mutter. Womit sollte man sich sonst auszeichnen? Sie
bekommt wieder ein Kind. Es geht ihr aber sehr schlecht.
Die Hebamme ruft während der Geburt, um ihr Mut zu

machen: »Rachel, Rachel, es ist wieder ein Sohn!« Daraus lernen wir etwas Wichtiges. Ich habe einen Arzt dazu befragt. Das Kind hatte eine falsche Lage, denn sonst müsste als Erstes der Kopf kommen. Wenn die Hebamme weiß, noch bevor das Kind vollständig heraus ist, dass es ein Sohn ist, dann hatte das Kind eine Steißlage. Ich glaube, so heißt diese falsche Lage. Heute allerdings hätte Rachel deswegen nicht sterben müssen.

Rachel gibt dem Neugeborenen dann einen Namen.

Sie nennt ihn Ben-Oni, was so viel wie »Sohn meiner Schmerzen« heißt. Sie ahnt, dass sie sterben wird, obwohl ihr die Hebamme so schön Mut macht, als sie ihr sagt, dass es wieder ein Sohn ist. Rachel stirbt jedoch.

Jakob will aber dieses Kind – und das finde ich psychologisch sehr schön – nicht mit einem solchen Namen durch das Leben gehen lassen. Daher nennt er ihn Benjamin, was ungefähr »Sohn des Glücks« bedeutet. Ich erwähnte ja bereits, dass die Namen sehr wichtig sind.

Mit diesem Benjamin beginnt dann ein großes Kapitel der Bibel.

Ja, hier gibt es noch viel zu erzählen. Mit diesem Segen Jakobs – und man merkt das nicht nur hier – zeigt sich, dass er die Kinder Rachels allen anderen Kindern vorzieht. Es sind »schöngeistigere« Kinder, besonders Josef. Sie sind wesentlich begabter, wesentlich edler. Die anderen sind ein bisschen grob. Ich darf hier anmerken, dass ich selbst von einem der anderen Söhne abstamme. Da bin ich ganz ehrlich. Josef ist gescheit, er ist schön, er ist edel. Jakob macht später einen schrecklichen Fehler, denn man darf das eine Kind gegenüber seinen anderen nicht bevorzugen, auch wenn es das wert wäre. Das sind die Nachwehen dieser schrecklichen Liebe zu Rachel: Er zieht ihre Kinder vor, bis zum Es-geht-nicht-mehr! Und das bekommt den Kindern schlecht.

Das hat auf Generationen hinaus Folgen, bis zum Jakobssegen. Wenn man den Jakobssegen für seine zwölf Söhne liest, dann sieht man, dass Jakob Josef den Hauptsegen geben möchte. Aber die zehn Söhne der Lea wollen auch etwas haben. Dadurch wird Juda mit einem gewissen Kraftakt der Träger der Verheißung. Von ihm stammt später David ab, und in der christlichen Tradition auch Jesus, der Messias. Man könnte es aber auch so deuten, dass Jakob eben Josef bevorzugen will. Daher gibt es in gewissen Strängen der jüdischen Tradition – erschrecken Sie bitte nicht – eine Zwei-Messias-Lehre. In Qumran gab es zum Beispiel Leute, die aus dieser Tradition an einen Messias, Sohn des Josef, geglaubt haben. Das sind die Geschichten der Liebe und ihre Folgen.

Josef – vom Patriarchensohn zum Großwesir
(1. Mose 37–50)

Josef, der Großwesir, war ein Mann, dem die Bibel 400 Verse widmet. Manchen Erzvätern hat sie gerade einmal 20 oder 30 Verse zugestanden. Das Josefskapitel ist eines der emotionalsten der Bibel, eine literarische Perle, in der ein Mann Tränen vergießen und seine Emotionen zeigen darf. Die Geschichte spielt sich hauptsächlich in Ägypten ab. Seine Kindheit verbrachte Josef in Kanaan, dann kam er nach Ägypten. Es ist eine Menge geschehen. Am Beginn steht der Patriarch Jakob.

Josef ist eine meiner Lieblingsgestalten unter den vielen Lieblingen, die ich im Alten, aber auch im Neuen Testament habe. In dieser Geschichte sind viele psychologische Probleme enthalten, die uns heute noch berühren. Fangen wir mit den Erziehungsfragen an: Ich stelle fest, dass in der Kindheit Josefs, bis hin zu seinem Erwachsenenalter, alle vorstellbaren Probleme auftauchen: Liebe, Hass, Neid, Erfolg und Eifersucht – alles ist da! Wir beobachten heute bei den Opfern des Holocausts, dass das, was der Vater erlebt hat, bei der Erziehung der Kinder durchschlägt. Hier sind es die Erlebnisse Jakobs, die zu dem führen, was man heute modern ein *Second-Generation*-Problem nennt, ein Problem der zweiten Generation. Jakob selbst ist ja in gewisser Hinsicht ein Schwächling gewesen, man könnte ihn auch im Vergleich zu seinem großen, harten Bruder Esau als Spätzünder bezeichnen. Und bei aller Achtung für Jakob muss man – wie erwähnt – feststellen, dass es um die Kindererziehung im Hause Jakob schlecht bestellt war.

Dass er es zulässt, dass sich Josef schon als Kind, als Junge derart aufspielt …

Jakob bevorzugt Josef und freut sich, dass er im hohen Alter noch einmal Kinder bekommen hat. Das hat auch etwas mit Jakobs Ehefrau Rachel zu tun.

Mit der Mutter, natürlich! Diese grandiose Liebesgeschichte! Welcher Mensch dient sieben Jahre für seine Frau? Es ist eine große Liebe, und das in der damaligen Stein- oder Eisenzeit! Und in dieser Geschichte kommen tatsächlich Liebeserkenntnisse vor. Jakob liebt Rachel, das wird uns schonungslos erzählt. Zwischen den Schwestern Lea und Rachel geht es hin und her – Tränen, Streit und Eifersucht um den Mann! Und vor diesem Hintergrund kann Rachel dann lange Zeit keine Kinder bekommen. Heute kann man das nicht mehr so richtig verstehen. Wir haben die Pille, viele Frauen wollen heute abtreiben, doch hier geht es um die große Sehnsucht nach dem Kind. Es ist der Beweis der Liebe. Rachel bekommt erst sehr spät ihren Sohn Josef, der ein sehr begnadetes, sehr begabtes Kind ist.

Es wird das Lieblingskind. Jakob zieht Josef seinen anderen Söhnen vor. Er bekommt einen bunten Rock, worüber sich seine Brüder sehr ärgern. Sie sagen: »Wieso bekommt denn der das? Wir sind doch zuerst da gewesen!« Ein gewisser Neid ist verständlich. Dann erzählt Josef auch noch zwei komische Träume. Das ist doch eine Provokation!

Ehrlich gesagt, finde ich, dass die Brüder aus ziemlich grobem Holz geschnitzt sind. Sie waren eben Hirten und Cowboys. Und Josef provoziert sie! Sein Vater Jakob hätte sagen müssen: »Hör zu, Josef! Mach das nicht, mach mal halblang!« Aber Jakob unterstützt ihn. Er hebt Josef hervor und kauft ihm dieses schöne Gewand. Natürlich gibt es solche Erziehungsprobleme auch heute noch. Für unsere Tage ist mir wichtig, dass vor einiger Zeit der Deutsche Bundestag ein Gesetz durchbrachte, nach dem Kinder aus einer Ehe und aus einer nicht-ehelichen Beziehung vor dem Gesetz in Erbfragen gleichberechtigt sind. In der Josefsgeschichte haben wir etwas Interessantes: Die zwölf Brüder, von denen sich die zwölf Stämme herleiten, stammen von vier verschiedenen Frauen ab. Von denen ist eine die große Geliebte, eben Rachel. Danach kommt die Zweite, die Laban seinem Schwiegersohn Jakob seinerzeit untergeschoben hat, ihre Schwester Lea. Und dann gibt es noch zwei Mägde, Silpa und Bilha, die Laban seinen beiden Töchtern mitgegeben hat. Es ist wichtig, festzuhalten, dass die zwölf Stämme Israels von vier verschiedenen Frauen abstammen und trotzdem gleichberechtigt sind. Das finde ich gut.

Josef erzählt dann seinen Brüdern den Traum: »Hört, was ich geträumt habe. Wir banden Garben mitten auf dem Feld. Meine Garbe richtete sich auf und blieb auch stehen. Eure Garben umringten sie und neigten sich tief vor meiner Garbe.«

Was soll man da machen? Er hat von Anfang an ein anderes Niveau als die grobschlächtigen Brüder. Das erkennen wir, wenn wir den Text lesen. Aber als Josef behauptet, Sonne, Mond und Sterne hätten sich vor ihm verneigt, geht das auch Jakob zu weit. Jetzt ist nur die Frage, was wir mit den Träumen machen. Auch das ist heute noch ein Problem. In der Bibel spielen die Träume eine große Rolle. Sie sind Visionen. Ich würde sagen, dass Josef hier ein Vorläufer dafür ist, auch später in

Ägypten. Was heißt Traum? Wenn Sie heute auf dem Richtstuhl des Psychologen sitzen, dann wird er Sie ansehen und fragen: »Was denken Sie? Was erwarten Sie? Was träumen Sie?« Und dann wird er das analysieren. So sehe ich Josef. Er ist imstande, so etwas zu träumen, die anderen Brüder sind dazu nicht in der Lage.

Das kann man sagen. Die ganze Josefsgeschichte baut sich in einzelnen Kernszenen auf. Die nächste Kernszene spielt sich auf den Weideflächen ab. Was hat sich dort ereignet?

Meines Erachtens macht Jakob wieder einen Fehler. Er will mit aller Macht Frieden erzwingen und schickte den kleinen 16- oder 17-jährigen Josef, den Spätzünder, den begabten Lyriker, alleine zu seinen Brüdern, den Hirten, die irgendwo in Dotan unterwegs sind. Ich lege das so aus, dass Jakob Frieden stiften wollte. Josef stellt sich aber mit seiner Aura wieder so an.

Die Brüder sehen Josef kommen und beschließen, es dem Träumer einmal zu zeigen, und schmieden einen ziemlich bösen Plan: Sie beschließen Josefs Tod. Ruben plädiert: »Nein, bringt ihn nicht gleich um, denn ein bisschen ist er doch von unserem Blut.« Josef wird dann in eine Zisterne geworfen, die aber leer ist. Ruben geht weg und sagt sich, ich will Josef wieder aus der Zisterne holen, wenn die anderen Brüder weg sind.

Ja, ein sehr böser Plan! Wir haben aber auch bei Ruben und Juda sehr interessante Gedanken über das Gute. Auch Juda will Josef eigentlich nicht töten. Die Scharfmacher sind Simeon und Levi, die wir schon als Scharfmacher kennen: Im Kapitel zuvor sind sie sehr massiv gegen die Vergewaltiger ihrer Schwester Dina aufgetreten. Juda schlägt vor, Josef zu verkaufen, statt ihn umzubringen. Bei den Überlegungen der Brüder spielen dann so interessante Dinge eine Rolle wie die Frage, was der Preis für einen Jüngling ist. Der Text über Judas Iskariot bezieht sich zum Beispiel auf das Alte Testament. Dort steht, dass der Preis für einen Mann im besten Alter 30 Silberlinge betrug. Josef war nur 20 Silberlinge wert.

Sie verkaufen Josef an Kaufleute, die mit einer Karawane vorbeikommen, und freuen sich über die 20 Silberlinge, die sie für ihren Bruder erhalten, aber müssen nun ihren Vater Jakob darüber informieren. Sie nehmen Josefs Rock, tauchen ihn in das Blut eines Schafes. Dann sagen sie zu Jakob: »Hier hast du den Rock. Ein wildes Tier hat Josef zerrissen.« Jakob bricht bei dieser Nachricht beinahe zusammen.

Josef war das Kind der Liebe, das Kind von Jakobs geliebter Rachel. Das ist schon ein ganz schönes Schurkenstück! Es ist übrigens weltgeschichtlich interessant, wer da als Kaufleute auftritt. Das sind die Nabatäer, die Herren über die Karawanen der damaligen Zeit.

Josef kommt nach Ägypten. Die Nabatäer nehmen ihn nach Ägypten mit und verkaufen ihn dort.

Es stellt sich heraus, dass dieser kleine Schwächling eine enorme Widerstandskraft hat. Das ist aber oft so. Josef wird auf dem Markt verkauft. Es wird gesagt, dass er sehr gut aussieht. Als Käufer hatte man wahrscheinlich gerne gut aussehende Sklaven. Josef wird von Potifar, dem Leibwächter des Pharao, gekauft und erhält in dessen Haushalt eine herausgehobene Stellung. Dann passiert die wunderbare Geschichte mit der Frau des Potifar: Es sieht so aus, als sei die Frau des Potifar scharf auf einen so schönen Jüngling gewesen. Da es sich um einen

Sklaven handelte, durfte sie annehmen, dass er von ihrer Aufmerksamkeit sehr angetan sein würde. Aber siehe da, es trat eine Entwicklung ein, die sie nicht erwartet hatte: Josef verweigert sich. Die Bibel schildert es wunderschön. Es kommt ein Feiertag, an dem das ganze Haus leer ist. Sie wird Josef gegenüber wieder ganz konkret. Er enttäuscht sie aber wiederum. Daraufhin dreht sie die Sache um. Josef rennt davon. Die Bibel schildert ihn als charakterstark. Ich lese den Text so, dass er hart mit sich gerungen hat.

Sie ist sehr direkt und fordert ihn auf: »Schlaf mit mir!« Er bekommt es mit der Angst zu tun und rennt weg. Sie hält ihn am Kleid fest, das Kleid bleibt in ihren Armen …

Jetzt verkehrt sie die Sache um 180 Grad. Sie ruft ihren Mann her und sagt: »Da hast du es! Diesen Mann hast du mir an den Busen gelegt, den hast du in unser friedliches Haus gebracht. Er will mich vergewaltigen!« Potifar gibt ihr natürlich Recht, denn er muss sein Gesicht wahren, und Josef wird eingesperrt.

Aber auch im Gefängnis ist Jahwe mit Josef. Es geht ihm dort sofort oder zumindest ziemlich schnell gut. Schon wieder erhält er eine bevorzugte Stellung. Wie kann so etwas in einem Gefängnis geschehen?

Dazu habe ich eine Menge gelesen. Die Kommentatoren sagen, dass dies auf die Gnade Gottes zurückzuführen sei. Wo immer Josef hinkommt, weiß er sich zu drehen und zu wenden – würde man sagen, wenn man nicht religiös ist. Wenn man fromm ist, sagt man, das sei die Gnade Gottes.

Josef trifft auf zwei Mitgefangene, einen Bäckermeister und einen Mundschenk. Die beiden erzählen ihm ihre Träume und Josef deutet sie.

Die Träume sind sehr faszinierend. Ich glaube, jeder Psychologe in unseren Tagen hätte seine Freude daran. Der Mundschenk hat in seinem Traum einen Weinstock mit drei Ranken. Die Summe der Geschichte ist, dass Josef dem Mundschenk deutet, dass er aus den Trauben der Ranken mit bloßen Händen den Wein herauspressen könne. Es würde ein exquisiter Wein, an dem der Pharao seine Freude hätte. Das besagt, dass der Mundschenk wieder Anerkennung fände und davonkomme, dass er wieder in Amt und Würden eingesetzt würde. Die drei Traubenranken stehen für drei Tage. Die Bibel ist voller Zahlenmystik.

Zum Bäcker sagt er, dass dieser einen Kopf kürzer gemacht werden würde. Dies tritt dann auch ein.

Beim Bäcker ist es das Gleiche: drei Körbe, drei Tage. Die bösen Vögel fressen vom obersten Korb das Brot weg. Mit einiger Fantasie hätte das jeder deuten können, traue ich mich zu behaupten.

Josef hofft, dass der Mundschenk, wenn er wieder zu Ehren gekommen ist, ihm aus dem Gefängnis hilft. Dieser kehrt aber an den Hof des Pharao zurück und vergisst die Geschichte. Ein neuer Traum muss kommen, um die Geschichte voranzutreiben und Josef seine Chance einzuräumen.

Josef modert im Gefängnis vor sich hin. Dann kommen die Träume des Pharao. Dieser wird zunächst ziemlich schwach gezeichnet …

Der Pharao ist einerseits schwach, wird aber in der Geschichte später sehr liebenswürdig. Er ist vor allem sehr erschrocken über das, was er träumt. Das kann er sich nicht erklären. Deshalb fragt er die Sterndeuter in seinem Land, aber keiner weiß Bescheid. Welche Träume hatte der Pharao und was sollen sie bedeuten?

Er träumt das natürlich aus der Fülle der Macht heraus. Er ist ein verwöhnter Mann und ist Desaster nicht gewohnt. Heute würden wir das Umweltkatastrophen nennen. Wir bekommen erzählt, dass ganz Ägypten vom Nil lebt und keinerlei Alternative dazu hat. Wenn etwas geschieht, dann ist Feierabend. Und nun passiert genau das: Der Pharao träumt, dass sieben wundervoll fette Kühe aus dem Nil heraussteigen und wie nur was gedeihen. Dann kommen sieben furcherregend magere Tiere, und diese mageren Kühe verschlucken wie nichts diese fetten Kühe. Das ist ein Riesendrama, und es erschreckt ihn. Der Traum wiederholt sich mit sieben fetten Ähren und sieben mageren Ähren. Die Zahl Sieben ist seit Abraham sehr deutungsträchtig. Alle Wahrsager und Sterndeuter können die Träume aber nicht interpretieren. Der Pharao ist dadurch beunruhigt. Da erinnert sich der Mundschenk: »Traum? Traum! Mein Gott, da habe ich doch einmal so einen Spezialisten kennen gelernt.« Josef wird sofort hergeholt und deutet in null Komma nichts die Träume:

Das Land Ägypten erlebt eine segensreiche Phase voller Fülle, aber die Ägypter sollten aufpassen, denn nach diesen sieben Jahren der Fülle kommt eine furchtbare, noch nie da gewesene Hungersnot, die auch wieder sieben Jahre dauern wird. Als Leser des Buches Genesis wissen wir, wir grauenhaft eine Hungersnot im Orient sein kann. Ganze Völker müssen ihre Heimat verlassen.

Alle erschrecken furchtbar, und jetzt kommt die Genialität von Josef richtig zur Geltung: Er legt sofort einen Plan vor. »Was tun wir? Ich schlage vor, dass …« Das finde ich sehr raffiniert, denn wie oft wird man schon zum Fürsten gerufen? Jetzt ist er beim Fürsten und bringt gleich einen Plan daher. »Jawohl, wir müssen sofort anfangen, etwas zu tun!« Die Fülle der sieben fetten Jahre soll nicht sofort aufgegessen und verprasst werden, sondern ein Teil davon soll in Speichern aufgehoben werden und die Menschen darauf eingeschworen werden. Dann werden die sieben mageren Jahre zu überstehen sein. Josef regt dann beim Pharao an, dass er einen Mann ernennen möge, der sich ab sofort darum kümmert.

Er sagt zu ihm: »Du brauchst doch jemand, der das organisiert. Das muss ein Cleverer sein, der weiß, was zu tun ist.« Das ist ein toller Satz sozusagen am Ende der Vorlage des Plans. Der Pharao sieht ihn kurz an und sagt: »Das musst dann wohl du machen.«

Darin sehe ich die Verzweiflung des Pharao. Er wird von seinem Traum wirklich umgetrieben, und die Deutung von Josef hat ihn wirklich überzeugt, sodass er sofort den Sieben-Jahres-Plan von Josef in Kraft setzt.

Josef organisiert das und steigt von Jahr zu Jahr im Ansehen. Es ist die Zeit des Mittleren Reiches. 1683 vor Christus dürfte Josef nach Ägypten gekommen sein. 1670 wird er zum Großwesir – so muss man das wohl nennen – in Ägypten ernannt und wird zum zweitmächtigsten Mann nach dem Pharao. Aber es muss doch auch Neider gegeben haben? Ist es denkbar, dass ein Ausländer neben dem Pharao so hoch aufsteigt, dass dieser sagen kann: »Nur auf dem Thron sitze ich noch! Alles

andere ist dein Ägypten«? Der Pharao liefert Josef ja im
Grunde ganz Ägypten aus.

Die einzige Antwort ist wohl, dass die Not so groß war.
In dieser großen Not war es wahrscheinlich nicht möglich, ihn zu hinter- oder übergehen. Das war von der Not
her vergleichbar mit der Zeit der Weltkriege. In so einer
Zeit stellt man Ränke und Eifersüchteleien zurück, bis
diese Probleme gelöst sind. Anscheinend waren sie sich
bewusst, dass sie selbst die Probleme nicht lösen konnten. Deshalb sagte keiner: »Den Ausländer wollen wir
nicht!«

Was mich an der Zeit auch beeindruckt, ist das Rad,
das »agala«. In der Geschichte werden mehrfach Wagen
erwähnt. Mit einem gewissen Protz wird erwähnt, dass
Josef einen Wagen mit Rädern verwendet. Wo hat es
denn das in Beerscheba oder Sichem gegeben? Und Josef
fährt sogar eine feine Kutsche. Man lernt einiges über die
Verhältnisse im damaligen Ägypten.

Josef hat das Problem genial gelöst. Er hat in den fetten Jahren
das Getreide eingesammelt und es dann in der Zeit der Hun-
gersnot an die Ägypter verkauft. Er hat es nicht einfach verteilt
und ist ein genialer Landreformer. Er hilft dem Pharao, die
Zentralgewalt zu stärken, denn die anderen, Kleineren, sind
immer ärmer geworden. Zuerst mussten sie das Getreide für
Geld kaufen, dann mussten sie dafür ihr Vieh eintauschen und
schließlich mussten sie auch noch ihr Land hergeben …

… und dann waren sie Leibeigene. Das muss man ganz
laut und deutlich sagen. Da dank der Genialität von Josef
genügend Getreide vorhanden ist, kommen auch die
Völker der Umgebung und bitten händeringend um Getreide, da sie sonst verhungern. Auch sie bekommen et-

was vom Pharao, machen aber dasselbe wie die Ägypter selbst durch. Die geniale Entwicklung sind die Speicher zur Aufbewahrung des überschüssigen Getreides. Zudem muss Josef die Speicher sehr gut geplant haben, damit sich das Getreide so lange gehalten hat.

Dafür müssen eigene Speicher gebaut worden sein, die belüftet waren und gegen Ungeziefer Vorkehrungen hatten. Der Ruhm Ägyptens verbreitet sich in der ganzen Umgebung. Die anderen Völker hören, dass es dort noch etwas zu holen gibt, und setzen sich in Bewegung. Diese Kunde gelangt auch zu Jakob, also nach Kanaan. Wie geht die Geschichte weiter?

Jakobs Sippe tut so, als ob Josef von der Bildfläche verschwunden wäre. Nur Jakob selbst nicht, der leidet nach wie vor darunter, obwohl er schon alt ist. Als er sich später beim Pharao vorstellt, ist er schon 147 Jahre alt – wie immer diese Zahlen zu bewerten sind. Als Kanaan von der Dürre heimgesucht wird, schickt Jakob seine ganze Kinderschar los, allerdings mit einer Ausnahme: Benjamin! Das ist wieder Rachels Sohn – wieder diese große Tragödie!

Er soll beim Vater bleiben, und die anderen sollen schauen, dass es wieder etwas zu essen gibt. Daher zieht die ganze Schar nach Ägypten. Dort geschehen dann unglaubliche Szenen: Die Brüder kommen nach Ägypten, treten vor Josef und sagen: »Wir haben Geld mitgebracht. Verkauf uns Getreide!« Sie erkennen ihren Bruder nicht, aber er erkennt sie. Dann prüft Josef seine Brüder und behandelt sie doch sehr herablassend …

Man kann hier geteilter Meinung sein. Ich höre auch unter den Auslegern der Bibel immer wieder Diskussionen darüber: »Ja, Herrschaft noch einmal, warum hat er das nicht gleich gesagt? Lasst euch umarmen! Ich bin es. Holt den Papa schnell her!« Warum lässt er seine Brüder so zappeln? Das ist die große Frage. Ich sehe das aber nicht als Herablassung. Ich sehe es als Ergriffenheit. Die Erinnerung an seine Vergangenheit steigt in ihm hoch: das Elend im Brunnen, in den sie ihn geworfen haben, das entsetzliche Verlassensein, der Verkauf und das Verschlepptwerden durch die halbe Welt und nicht zu wissen, wohin. Das hat er alles seinen Brüdern zu verdanken. Trotzdem tut er ihnen nichts Böses.

Josef hat sicher schwer gelitten. Im Grunde erfüllen sich seine beiden Träume. Seine Brüder werfen sich vor ihm nieder, so wie sich die Ähren vor ihm verneigt haben und dann die elf Sterne und Sonne und Mond. Sie liegen vor ihm am Boden und bitten ihn um Getreide. Aber er ist auch ein schlauer Kerl. Die Prüfungen, denen er seine Brüder unterzieht, haben es in sich.

Josef sagt: »Jetzt will ich mal sehen, ob ihr vielleicht Spione seid. Ihr wollt mich oder das Land doch nur aushorchen!« Das ist ein uraltes Motiv. Seine Brüder versichern ihm, dass sie keine Spione seien: »Wir sind Geschwister, haben daheim einen Vater und noch einen kleinen Bruder.« Das ist genau das, was Josef hören will. Er möchte auch Benjamin sehen. Darauf arbeitet er hin: »Jetzt kommt und beweist mir, wer ihr seid! Bringt mir den Vater und den Bruder!«

Meines Erachtens geht Josef psychologisch vor. Er will wissen, ob sich seine Brüder geläutert haben oder ob sie nur kommen, weil sie am Verhungern sind. Ich meine, dass er nur deshalb das Ganze so macht, denn sonst würde er sie nicht so prüfen. Selbstverständlich würden seine Brüder sagen: »Ja, lieber Josef, entschuldige! Mea culpa! Wir sind jetzt brav und gut!« Aber genau das wollte Josef nicht, denn es wäre ein reines Lippenbekenntnis gewesen, und das hätte ihn nicht befriedigt. Menschlich kann ich das verstehen. Er möchte seinen Brüdern zeigen, dass er Recht hatte.

Aber er erschreckt sie noch einmal. Die Säcke oder Behälter werden mit Getreide gefüllt, und die Brüder bezahlen. Er lässt das Geld jedoch heimlich wieder in die Säcke hineinstecken. Beim Rückweg stellen die Brüder fest: »Um Gottes willen, in den Säcken ist das Geld wieder drinnen!« *Was ist geschehen?*

Josef beschuldigt sie des Diebstahls. Er macht das, damit der Kontakt bestehen bleibt, denn sonst müsste er davon ausgehen, dass seine Brüder möglicherweise einfach auf und davon gehen und im fernen Kanaan auf Nimmerwiedersehen verschwinden. Vielleicht ist morgen die Situation am Markt besser, und sie können in Babylon oder sonstwo Getreide kaufen und kommen nicht mehr zurück. Dann wäre der Kontakt wieder verloren. Diese große Gefahr besteht. Daraufhin spielt er dieses Spiel, um sie an sich zu binden. Und das gelingt.

Die Brüder kehren nach Hause zurück und erzählen diese Geschehnisse dem Vater. Das Getreide ist schnell aufgegessen. Die Hungersnot dauert aber sieben Jahre. Es stellt sich die Frage, was sie nun tun sollen. Jakob möchte, dass seine Söhne nochmals nach Ägypten gehen und neues Getreide holen. Daraufhin sagen sie zu ihm, dass sie dann Benjamin mitnehmen müssten, was für den Vater eine Katastrophe wäre.

Jakob droht mit Selbstmord, er meint, er würde zugrunde gehen. Wie man es sich bei einem Vater, in diesem Fall einem alten Mann, vorstellen kann. Und was sagt Juda, der dann zum Anführer erkoren wird, da er sich in diesem Fall bewährt hat? »Ich war damals derjenige, der das Ganze mit veranlasst hat. Ich habe mich falsch benommen.« Mit dieser Haltung wird er zum Königsanwärter. Aus seinem Stamm kommen später die davidischen Könige. Er sagt zu Jakob: »Ich will dir mit meinem Leben garantieren, dass ich den Benjamin wieder zurückbringe, weil ich – ich gebe es zu – bei Josef damals so versagt habe. Vertrau mir den Benjamin an!« Ruben unterstützt Juda. Der schwer geprüfte Jakob hat jedoch kein Vertrauen zu Ruben, ihm vertraut er Benjamin nicht an. Von Ruben hat er schon zu viele graue Haare bekommen. Was bleibt ihm übrig, als ihn Juda anzuvertrauen, denn Juda sagt: »Bitte, wenn du nicht einverstanden bist, dann verhungern deine Kinder, der ganze Hof, der ganze Stamm!« Das ist die Antwort: Entweder wir krepieren alle oder wir gehen noch einmal nach Ägypten, um dort Getreide zu holen. Aber dazu muss Benjamin mit, denn der ägyptische Getreideverwalter macht keine Scherze. »Gib uns Benjamin! Ich hafte für ihn!«, drängt Juda. Jakob ist verzweifelt, aber er gibt ihnen Benjamin mit. Benjamin spielt eine sehr passive Rolle, obwohl er der Geschichte nach zu diesem Zeitpunkt gar nicht mehr so klein gewesen sein kann. Er hat eine sehr uninteressante Rolle und kommt in der Geschichte gar nicht zu Wort. Josef bekommt jetzt genau das, was er will. Er ist sehr gerührt und weint.

Die Brüder kommen noch einmal an seinen Hof. Man muss sich das wahrscheinlich so vorstellen, dass er als Oberwesir einen riesigen Getreidespeicher hatte und damit seine Geschäfte machte. Jetzt kommen die Brüder wieder und sagen: »Wir haben Geld mitgebracht und auch unseren Bruder Benjamin.« Josef sieht dann Benjamin. Die Bibel erzählt immer wieder von

Josefs Gemütsbewegungen, die dieser aber zuerst gar nicht zei-
gen will. Daher geht er aus dem Raum, weint und sagt: »Im
Grunde möchte ich eigentlich hingehen und ihn nur umar-
men.« Aber er hält sich noch zurück. Er wäscht sein Gesicht
und kommt wieder hinein.

Das ist eine schöne Szene. Es geht hier nicht darum, ob
ein »richtiger« Mann weint. Josef möchte die Geschichte
noch nicht auflösen, die Spannung soll noch weiter hoch-
kochen. Er ist sich noch nicht sicher, ob sich seine Brüder
wirklich gewandelt haben. Juda tritt dann vor ihn und
sagt: »Jetzt hören Sie mal zu, Herr Wesir, entweder wir
machen ein Geschäft miteinander und ich bekomme
meinen Benjamin zurück, oder wir verhungern eben
alle.« Erst in diesem Augenblick ist Josef davon überzeugt. Er schickt dann die Ägypter hinaus, denn er muss
auf sein Standing achten. Stellen Sie sich vor, wenn die
Bundeskanzlerin auf einmal mit Familiengeschichten
anfangen und mit ihren Geschwistern weinen würde. Da
muss man schon etwas aufpassen. Er schickt alle Ägypter hinaus und gibt sich seinen Brüdern zu erkennen. Es
gibt hier noch eine schöne Stelle. Die Brüder hatten zuvor schlecht über ihn gesprochen und er hatte alles verstanden.

Er musste offiziell mit einem Dolmetscher mit ihnen reden.

Natürlich, das ist sehr charmant. Jedes Wort wird übersetzt, derweil versteht er alles. Die Geschichte löst sich
dann auf. Er will sie aber zum Schluss noch einmal de-
mütigen. Als sich die Brüder wieder auf den Heimweg
machen, legt er in den Sack von Benjamin nicht nur das
Geld für das Getreide, sondern auch noch seinen Silber-
becher.

Er schickt dann raffiniert einen Boten nach, der zu ihnen sagt:
»Dem Oberwesir ist ein Becher gestohlen worden!« Sie ant-
worten: »Nein, das kann doch gar nicht sein!« Sie schütten alle
Säcke aus, und bei Benjamin bleibt die Schuld haften.

Ich glaube, er wollte die Sache von damals noch einmal
präsentieren. Er wollte sehen, ob sie Benjamin verraten
würden, so wie sie ihn verraten hatten, weil er andere
Anlagen hatte als sie. Nun will er sehen, ob sie mit Benjamin dasselbe veranstalten. Aber diesmal bewährt sich
Juda, sie verraten Benjamin nicht. Das ist die Lektion:
»Ich habe es einmal gemacht, aber diesmal stehen wir
alle zu Benjamin.« Das wollte Josef herausbekommen.
Der Juda sagt: »Nein, wir können den Benjamin nicht da
lassen. Behalte mich, wenn du einen haben willst!« Dies
alles wird mit einer großen Spannung dargestellt. Juda
sagt: »Bitte nimm den Simeon!«, diesen Oberschläger,
den wir schon kennen. Wir dürfen annehmen, dass Josef
aus seiner Erinnerung panische Angst vor Simeon hatte.
Er war der Gewalttätigste von allen. Und noch etwas:
Dieser Becher war für einen Wesir im Altertum wohl ein
Zeichen seiner Macht. So kann er ihnen unterstellen:
»Also seid ihr doch Spione? Meinen Becher zu klauen!«

Wie kommt es dann, dass Jakob mit seiner ganzen Familie nach
Ägypten zieht?

Die Brüder kommen nach Hause und erzählen von ihren
aufregenden Erlebnissen. »Josef lebt noch!« Jakob sagt:
»Gut, jetzt kann ich in Ruhe sterben! Dass ich das noch
erlebe!« Und nicht nur das: Josef ist auch noch ein super-
mächtiger Mann. Es droht nun nicht, dass sie verhungern. Denn die Hungersnot dauert ganze sieben Jahre!
Sie erzählen, dass alle zusammen mit Kindern und Kin-

deskindern, Ammen und Nebenfrauen und so weiter eingeladen sind, nach Ägypten zu kommen. Es ist eine aufregende und schöne Szene, und sie ziehen dann nach Ägypten. Der Pharao muss Josef über alles schätzen, denn er stellt dafür seine Wagen zur Verfügung. Als die Familie ankommt, geschieht allerdings etwas Auffallendes, denn sie werden in Goschen angesiedelt.

Erstaunlich, wie sich der Pharao verhält. Er ist unglaublich großzügig. Er sagt: »Lasst die doch kommen!« Es werden ihnen die besten Speisen angerichtet. Sie dürfen sich das fetteste Land aussuchen und sich dort niederlassen. Liegt das an der Schwäche des Pharaos, oder liebt er den Wesir Josef so sehr, dass auch dessen ganze Familie willkommen ist?

Erstens denke ich, dass der Pharao kein starker Pharao ist. Zweitens fühlt er sich Josef und dessen Tatkraft ausgeliefert.

Wobei es wahrscheinlich so war, dass es sich bei dieser Geschichte um mehrere Pharaonen handelt. In der Zeit, in der Josef in Ägypten war, gab es möglicherweise drei Pharaonen. Ganz sicher wissen wir das nicht, aber es wird vermutet, dass es nicht nur ein Pharao aus der 12. Dynastie, aus dem Mittleren Reich, sondern auch mindestens einer aus der 13. Dynastie, aus der Zweiten Zwischenzeit, gewesen ist.

Das kann gut sein, denn die ganze Geschichte dauert sehr lange. Der Pharao will jedenfalls Josef an sich binden, denn er will diesen Mann für den Wiederaufbau nach dem Desaster haben. Zudem wird uns gesagt, dass die Familie aus 70 Personen bestanden hätte. Diese Zahl spielt doch für einen Pharao keine Rolle.

Nein, denn den Platz hatte er sicherlich. Trotzdem war er groß-
zügig – immerhin sind es Fremde gewesen, die er in seinem
eigenen Land hat siedeln lassen. Josef hat weiterhin als Wesir
regiert. Ende der 1980er Jahre haben österreichische Archäolo-
gen den Palast des Josef entdeckt und unter anderem auch das
Grab. Man hat damit einen deutlichen Beweis, dass Josef tat-
sächlich eine historische Figur gewesen ist. Dieser Palast war
sicher nicht so groß wie der des Pharao, man kann ihn sich viel-
leicht wie eine toskanische Landvilla vorstellen. Dort gab es
auch Wohnungen für die beiden Söhne des Josef. Und noch et-
was ist bemerkenswert: Als der Pharao Josef zum Wesir er-
nennt, verheiratet er ihn auch mit der Tochter eines ägypti-
schen Priesters. Das ist aber doch ungewöhnlich? Das ist ja
eine Religionsvermischung! War Josef klar, dass er damit zum
Ägypter wird?

Ich würde nicht sagen, dass das eine Religionsvermischung war, denn die Gründung des hebräischen Monotheismus mit Moses am Sinai kommt erst später. Wir
sind noch in der Zeit vor dem Sinaigeschehen. Und die
Männer der zwölf Stämme heiraten auch nicht alle unter
sich. Jakob heiratet eine Frau aus Babylon und Isaak holt
Rebekka. Auch die zwölf Söhne heiraten Frauen aus der
Nachbarschaft. Manche Interpreten meinen, dass dies
dieselbe Geschichte wie bei Kain und Abel sei. Die hatten
noch Zwillingsschwestern. Wir müssen nicht schockiert
sein, denn im ägyptischen Königshaus wurden andauernd Geschwister verheiratet.

Die Offenbarung geschieht also erst bei Moses, und der Mono-
theismus bildet sich erst danach heraus. Nur wird aber auch
schon bei Jakob und Josef von Gott geredet. Damit kann wohl
kaum einer der ägyptischen Götter gemeint sein. Es muss also
schon eine Vorstellung von Gott gegeben haben, sonst dürften

Jakob und Josef dieses Wort nicht in den Mund nehmen. Jetzt kann man natürlich sagen, dass auch die Josefs-Geschichte erst später geschrieben wurde, wodurch die Führung Gottes erst hineinkam und das somit als Interpretation des Weges verstanden werden muss.

Ich kann damit leben! Denn wie die Rabbiner sagen: »Es gibt kein Früh und kein Spät.« Das ist eine alte talmudische Redewendung. Wer weiß, ob sich da bei Echnaton nicht irgendetwas anbahnt mit dem entstehenden *einen* Gott. Josef kann so eine Stelle zweifellos nicht unverheiratet führen. Aber mir fällt auf, dass die Frau, die er heiratet, »Asenat, die Tochter von Potiferas« heißt; das ist doch auffallend ähnlich zu »Potifar«! »Potiferas« hat zwar eine Silbe mehr, aber es gibt Traditionen, die sagen, dass es eine Tochter von jenem Potifar gewesen sei.

Der Pharao gibt Josef den neuen Namen Zafnat-Paneach. Das ist uraltes Hebräisch und heißt wörtlich »der Spezialist in der Entzifferung des Verborgenen« – der Deuter.

Außerdem ist mir aufgefallen, dass der Pharao bei all der großen Liebe, Freundschaft, der Zuneigung und dem Wohlwollen diese 70 Leute in Goschen ansiedelt. Als die israelische Armee 1967 zum ersten Mal den Suezkanal überschritten hatte, fand sie westlich davon Ausgrabungen und Steine, die auf Goschen hingewiesen haben. Und die Beschreibung in der Josefsgeschichte gibt diese Interpretation her. Wo ist Goschen? Ganz weit vom Schuss, weg vom Zentrum. Das macht einen nachdenklich. Die Bibel sagt: »Denn die Schafe sind ein Gräuel für die Ägypter.« Die Israeliten waren alle Tierhalter.

Die Ägypter sind keine Umweltschützer, die alle Tiere, wie heute bei uns üblich, lieb haben. Für bestimmte Stämme war das Schaf ein heiliges Tier. Es wurde völlig tabuisiert, damit man es separat heilighalten konnte. Das gibt es heute noch oft im Orient, dass man etwas als heilig erachtet und zugleich als verboten verkündet, damit sich die Menschen nicht daran vergreifen. Das erinnert mich manchmal an das Pferd in Deutschland. Bis zum Beginn des 20. Jahrhunderts benötigte man es als Kriegstier. Der Ritter ohne sein Pferd ist doch behindert. Als Speisetier war das Pferd in deutschen Landen im Gegensatz zu Italien oder anderen Ländern absolut verpönt. Ähnlich ist es mit der Abneigung gegen das Schaf, es war den Ägyptern ein Gräuel. Daher wurden Jakobs Verwandte als Tierhalter abseits in Goschen angesiedelt – bei aller Bevorzugung.

Josefs Familie wird abseits angesiedelt, aber er selbst lebt mit seiner Frau, der Tochter des ägyptischen Priesters, mitten unter den Ägyptern.

Es ist die gleiche Situation wie bei den Juden in Deutschland vor hundert Jahren: Er ist der Assimilierte und die anderen sind die traditionellen Konservativen.

Ist es nicht faszinierend, wenn man auf diese Zeit schaut, dass die jüdisch-christliche Kultur im Grunde in Ägypten entstanden ist?

Das ist gar keine Frage. Ich würde noch einen kleinen Schritt weiter gehen: Babylon und Ägypten – in diesem Spannungsfeld ist diese Kultur entstanden. Und dieses kleine Land, das Heilige Land, gibt das her. Es ist die Brücke zwischen diesen beiden Kulturräumen. All die vielen Kriege, die im Laufe der Jahrtausende stattfinden, von Osten nach Westen, von Westen nach Osten, von Damaskus in den Süden, die Hethiter in den Norden –

alle hinterlassen ihre Spuren in diesem umstrittenen, kleinen heiligen Land. Natürlich kam es dabei zu Einflussnahmen. Mal hatten diese die Oberhand, mal jene. Die Ägypter und die Babylonier lagen dauernd im Streit, auch die Assyrer mischten mit.

Das Moses-Kapitel schildert uns, dass Moses am ägyptischen Hofe erzogen wurde. Der Name Moses wird zwar hebräisch gedeutet, »Ich habe ihn aus dem Wasser gezogen«, aber eigentlich heißt er ägyptisch Tut-Moses.

Doch zurück zu Josef. Er bleibt nicht in Ägypten.

Das ist für mich das Aufregendste. Als Josef im Sterben liegt, sind die Kinder Israels wunderbar in Goschen in Ägypten integriert, und er sagt: »Es wird der Tag kommen, an dem ihr alle in unsere Heimat, das Land Kanaan, zurückgehen werdet. Bitte nehmt meine Mumie mit.« Denn er wird natürlich einbalsamiert. Aber das macht mich sehr nachdenklich, denn im Laufe der vergangenen zwei Jahrtausende ist es immer wieder geschehen, dass sich Juden verdienstvoll und bis aufs Äußerste in ihren Gastvölkern eingesetzt haben, auf welchem Gebiet auch immer, sei es Wissenschaft oder Wirtschaft. Dann kam irgendein Nachfolger oder Quereinsteiger, der sie verdrängen wollte. So ist es auch bei Josef. Deshalb nehmen die Israeliten später die Mumie des Josef beim Exodus mit.

Moses nimmt ihn mit in das Gelobte Land. Damit ist Josef wieder bei seiner Familie in seinem Land.

Obwohl er sich um das Gastvolk verdient gemacht hat, so wie die Juden in Deutschland.

Moses und die zwölf Frauen
(2. Mose 2 bis 4. Mose 27)

Moses und die zwölf Frauen. Wir müssen zuerst die geschichtliche Situation bedenken, in die hinein diese Geschichten gewoben sind. Wir befinden uns in Ägypten, am Hof des Pharao. Und dann heißt es in Exodus 1,8, ein neuer König sei gekommen: Dieser neue König wusste nichts mehr über Josef. Wie konnte der neue König nichts mehr von dem guten Verhältnis zwischen den Hebräern und den Ägyptern wissen?

So ist das nun einmal in der Weltgeschichte. Ich denke oft daran, wenn ich über Josef schreibe und arbeite: Ich denke dabei vor allem oft an die Geschichte der Juden in Deutschland, an die deutschen Juden. Josef hatte sich ganz bestimmt sehr um Ägypten verdient gemacht. Er hatte Ägypten vor der großen Hungersnot gerettet, während ringsherum ganze Völker und Stämme verhungert oder verdurstet waren. Er hatte gewusst, wie man auf ganz neue Art und Weise Speicher baut und Reserven anlegt. Er hatte also Ägypten gerettet und zu einer Großmacht gemacht.

Und der alte Pharao hat ihn deswegen sehr geschätzt.

Ja, natürlich, dieser Pharao hat ihn sogar gebraucht. Daher ist es den Hebräern in dieser Zeit in Ägypten auch sehr gut gegangen. Es vergingen dann aber in der Zwischenzeit sehr viele Jahre. Es waren in der Zwischenzeit viele neue Pharaonen gekommen und wieder gegangen. Es wird uns in dieser Geschichte nicht gesagt, wie viel Zeit zwischen Josef und Moses exakt vergangen war.

Wie in Deutschland hat man dann aber doch in relativ kurzer Zeit tragischerweise vergessen, wie viele Hebräer sich um Ägypten verdient gemacht hatten. An dieser Stelle setzt die Geschichte ein. Es kommt hinzu, dass Moses ja sogar am Hofe des Pharaos groß geworden ist.

Man hat dort die Verdienste der Hebräer vergessen. Aber die Ägypter fürchteten auch etwas: Die Hebräer hatten sich nämlich sehr viel stärker als die Ägypter vermehrt. Der Pharao hat wohl Angst bekommen, dass die Hebräer die Ägypter geradezu auffressen könnten: »Die fressen uns nicht nur die Nahrung weg, sondern wir werden in absehbarer Zeit das kleinere Volk sein!« Bezeichnete das Wort »Hebräer« damals noch keinen Stamm, sondern einen niedrigeren Stand, also die Arbeitenden?

Nein, so war das nicht. Denn »Hebräer« ist seit Abrahams Zeiten eine ganz klare Bezeichnung. »Iwri«, das ist »der von jenseits des Stromes Gekommene«. Die Sprache Iwrith gibt es bis heute, ebenso wie den Ausdruck »Hebräer«. Jona war Hebräer, Moses war Hebräer. Daran ist nicht zu rütteln.

Aber vonseiten der Ägypter war das doch die Gesamtbezeichnung für die niedrigeren Stände.

Auch hier sehe ich eine allzu menschliche Facette. Natürlich konnten die Hebräer ihnen nichts wegessen. Die Ägypter waren schon damals ein mächtiges Volk bis hinauf nach Ober-Ägypten zum Ursprung des Nils. Es kann also gar nicht die Rede davon sein, dass ihnen die Hebräer etwas weggefressen hätten. Aber man sagte damals so ungefähr das Gleiche über sie wie später Hitler oder Stalin über die Juden: »Sie könnten kosmopolitisch sein. Sie könnten unsere Anlagen auskundschaften und dieses Wissen dann anderen Völkern wie den Hethitern verraten!« Das war es: Man bezeichnete sie sozusagen als »fünfte Kolonne«. Das ist wirklich ein Spiegelbild zur Situation in der Sowjetunion im 20. Jahrhundert unter Stalin: Er hatte den Juden vorgeworfen, sie seien Kosmopoliten.

Einflüsterer haben damals dem Pharao zugesteckt: »Du musst jetzt aufpassen!«

In zahlenmäßiger Hinsicht war zwischen den Hebräern und den Ägyptern keine Konkurrenz denkbar. Aber die Hebräer waren in einer Hinsicht anders, einzigartig: Sie hatten eine andere Religion, sie waren Monotheisten.

Es heißt wörtlich, dass sich die Hebräer stärker vermehrt hätten als die Ägypter.

Gut, das war aber noch immer ein winziges Problem. Es waren insgesamt gerade mal 210 Jahre vergangen, seit sie nach Ägypten gekommen waren: Auch dann, wenn die Hebräer einen regelrechten Babyboom gehabt haben sollten, wären sie für das riesige Volk der Ägypter immer noch keine Konkurrenz gewesen. Die Ägypter fürchteten sich wohl, wie schon erwähnt, vor allem vor dem kosmopolitischen Eindruck, den die Hebräer machten. Diese hatten immer noch ihre Kontakte zum Heiligen Land, zu Reststämmen Israels, die dort geblieben waren. Sie hatten auch Kontakte nach Transjordanien, wie wir heute sagen: Auch dort lebten bis weit nach Osten Hebräerstämme.

Der Pharao hat dann ein regelrechtes Ausrottungsprogramm in Gang gesetzt.

Das hat er, und auch das ist unglaublich modern. Er sagte nämlich zunächst: »Es müssen alle Knaben ertränkt werden!« Wie machte man das? Man gab diese Order an die Hebammen weiter. Was geschah hingegen mit den Mädchen? Ich sage das jetzt ein bisschen frech: Die Mädchen wurden quasi eingedeutscht.

Die konnte man noch brauchen!

Genau. Das war sogar wörtlich gemeint. Aber dieser Plan hat nicht funktioniert, weil die Hebammen nicht kooperiert haben. Diese Frauen waren die ersten Widerstandskämpferinnen.

Man muss das noch ein wenig präzisieren: Der Pharao hatte angeordnet, dass die Hebammen die Knaben der Hebräer bei und nach der Geburt nicht mehr versorgen dürften. Diese Kinder sollten sterben. Und die Mädchen sollten ägyptisiert werden! Lässt das auf eine sehr wichtige Rolle der Hebammen schließen?

Ja, sehr wohl. Diese Hebammen sind sehr tapfer und regelrechte Widerstandskämpferinnen, sodass man sie als leuchtendes Beispiel herausstellen kann. Das war der Widerstand der Schwachen gegen die Starken, der Wenigen gegen die Vielen. Es kam aber hinzu, dass diese Hebammen sehr klug waren. Denn der Pharao befragt dann auch die Hebammen, warum das mit seiner Anordnung nicht funktioniert hat. Ihre Ausrede lautet – das ist natürlich für jede Frau bis heute klar –, dass sie immer zu spät kämen. Wenn sie zu einer Geburt gerufen werden, dann ist immer schon alles vorbei, wenn sie ankommen: »Die Kinder sind dann bereits fort! Wir können nichts machen!« Das war ihre Ausrede, und so konnte man sie nicht bestrafen.

Das Interessante ist für mich in dieser Erzählung die Tatsache, dass der Pharao keinen Namen bekommt, während die beiden Hebammen sehr wohl mit Namen genannt werden. Das heißt doch, dass sie eine sehr wichtige Funktion innehatten. Diese Hebammen sagten zu den Abgesandten des Pharaos, dass das mit der Geburt bei den Hebräern anders sei als bei den Ägyptern. Es heißt an dieser Stelle: »Die Hebräer machen es wie die Tiere!«

Das ist eine nicht sehr gute Übersetzung ins Deutsche. Eigentlich bedeutet das, sie machen das auf eine sehr natürliche Art. Das Ganze ist eine Ausrede, denn die Hebammen werden gefragt, warum sie keine Belege dafür bringen könnten, dass die Knaben der Hebräer alle tot seien. Die Hebammen sagten, sie hätten nichts ausrichten können, weil sich unter den Hebräern die Frauen gegenseitig helfen würden beim Gebären. Auch dies muss also herausgestellt werden.

Waren denn die beiden genannten Hebammen Hebräerinnen oder Ägypterinnen? Ich habe in der Literatur dazu die Ansicht gefunden, dass man diese Frage nicht genau beantworten könne.

Doch, das kann man sehr wohl. Das waren Hebräerinnen, denn es ist klar von »Ivriot«, also Hebräerinnen die Rede.

Wie kommt es dann zu so einer Vermutung?

Es ist doch bekannt, dass in der christlichen mittelalterlichen Tradition die Guten und die Schönen und auch die Lieben und die Feinen aus der »garstigen« Menge der Juden immer herausgezogen worden sind. Die Makkabäer waren angeblich auch keine Juden: Sie wurden einfach in die christliche Heilsgeschichte eingebaut. Diese Hebräerinnen sind tapfere, großartige Frauen: Das war der Grund, warum sie dann bei den Übersetzungen enthebräisiert worden sind. Aber der Text sagt ausdrücklich, dass das Hebräerinnen waren. Innerhalb Israels werden sie dann auch gesegnet.

Wir dürfen an dieser Stelle nun auch die Namen der beiden Frauen nennen.

Das waren Schifra und Pua. Schifra heißt die Gute und Pua ist die Kleine in einem liebevollen, niedlichen Sinne. Diese Hebammen verschwinden dann aus der Erzählung, sie haben ihre historische Aufgabe erfüllt. Der Pharao wird radikaler, nachdem dieser Auftrag nicht funktioniert hat, weil die Hebammen nicht kooperiert und Widerstand geleistet haben. Es wird die Order von oben geändert: Es heißt nun: »Vernichtet alle Hebräer!« Deren Töchter sollten nun nicht mehr ägyptisiert werden. Nein, der Pharao sagt: »Dann machen wir eben kurzen Prozess mit ihnen. Wenn die Sache mit den Hebammen nicht funktioniert, dann ist von jetzt an jeder Ägypter« – Achtung! Vergleich mit Nazideutschland! – »dazu aufgerufen, alle ihre Neugeborenen zu vernichten!«

Wieder treten Frauen auf, die eine wichtige Funktion haben und die besonders hervorzuheben sind. Da ist zunächst einmal die Mutter von Moses, scheinbar eine sehr schlaue Frau.

Ich glaube, sie hat einfach so gehandelt wie jede Mutter, wenn sie merkt, dass ihre Kinder in Not sind und sie wenigstens noch ein kleines bisschen zur Verbesserung der Situation beitragen kann. In solchen Situationen hat wohl jede Mutter eine gewisse Schläue. Die Mutter, sie heißt Jochebed, hat es nicht über sich gebracht, die Order auszuführen. Auch das erinnert mich wieder – es tut mir leid, aber ich bin davon geprägt – an das Schicksal so vieler jüdischer Mütter mit ihren Kindern in Nazideutschland. Sie hat es nicht über sich gebracht, diesen Befehl auszuführen: Obwohl sie wusste, dass die Situation eigentlich aussichtslos war, hat sie ihr Neugeborenes, den Moses, drei Monate lang gestillt und aufgezogen. Anschließend hat sie es dann in einen Korb gelegt und den auf dem Nil ausgesetzt. Das war zu einer Jahreszeit, in der der Nil nicht so reißend war: Da konnte man so etwas schon riskieren. Und was macht Mirjam? Mirjam als kleines Mädchen spielt natürlich wie die anderen Mädchen auch am Nil. Mirjam stellt sich da hin und passt auf. Nicht Jochebed stellt sich hin und passt auf, sondern Mirjam, sie ist die Kluge. Ich würde sagen, dass die Mirjam, die heranwachsende Tochter, noch schlauer gewesen ist als ihre Mutter.

Auch das ist wieder eine Parallele zu späteren Zeiten. Jochebed gibt das Kind lieber weg, als dass sie in Kauf nimmt, dass es umgebracht wird. Sie riskiert das einfach und sagt: »Ich überlasse es jetzt dem Schicksal!«

Sie hofft wider alle Hoffnung, so wie das viele Mütter tun. Den Korb in das Schilf des Nils gelegt, das hier ebenfalls eine große Rolle spielt. Schilf ist dicht und hoch und grün, und man kann sich darin gut verstecken. Dort liegt diese kleine Kästlein mit dem Moses drinnen. Es wird an dieser Stelle genau beschrieben, wie sie es gemacht hat, dass das kleine Kind dennoch atmen kann, obwohl es zugedeckt ist. Die große Schwester Mirjam sitzt im Schilf und passt darauf auf, was nun mit diesem Körbchen, mit dem Kästchen geschieht.

Heute würde man das wahrscheinlich als Zumutung für die Kinder auffassen. Nein, das waren damals Notzeiten, und in diesen Notzeiten werden Kinder darauf getrimmt, mit anzupacken. Auch die Alten sind in solchen Zeiten nicht überflüssig: Sie sind da, damit man von ihnen lernen kann, damit man von ihnen die Weisheit übernehmen kann. Alle mussten mithelfen in solchen Zeiten, also auch die Kinder.

Die Tochter des Pharao geht spazieren, am Rande des Schilfmeeres.

Das ist ebenfalls wieder ein interessantes Thema. Diese Bitja kommt später in den Büchern der Chronik noch einmal vor. Bitja, die Tochter des Pharaos, ist ein sehr seltener Name. Dass sie wirklich die Tochter des Pharaos war, ist freilich nur eine Annahme. Wir reden hier über archaische Traditionen: Wir handeln mit Annahmen und nicht mit historischen Belegen. Es wird von dieser Bitja viel, viel später erwähnt, dass sie im Laufe ihres Lebens dann zum Monotheismus gekommen sei: Wenn wir nur einmal an Echnaton denken, dann ist das gut möglich. Es heißt von ihr, sie habe später einen Hebräer geheiratet. Ich garantiere aber nicht dafür, dass das die gleiche Bitja ist. Diese Bitja jedenfalls geht am Nil mit ihrem Hofstaat spazieren: Sie hört dabei das Jammern des Babys in seinem Kästchen. Gut, es würde darauf wohl jede Frau reagieren und wohl auch mancher Mann: Sie lässt das Kästchen, aus dem dieses Jammern kommt, aufmachen. Dort soll sie dann einen strahlend schönen, goldigen Knaben entdeckt haben.

Sie sagt gleich, dass der Säugling ein Hebräerkind sein muss.

Ja. Denn ein normaler Mensch aus der hohen und höchsten Klasse der Ägypter, aus der sie selbst stammt, würde doch sein eigenes Kind nicht in den Fluss legen.

Aber sofort stürzt Mirjam aus dem Schilf hervor.

Genau dafür war sie da. Sie mischt sich ein und – damals war ein Mädchen von zehn Jahren bereits recht erfahren – sagt beim Anblick dieses Kindes: »Ach, dieses Kind ist hungrig! Dieses Kind muss sofort gestillt werden!« Mirjam sagt: »Ich wüsste eine Amme!« Diese Tochter des Pharaos meint: »Ja, natürlich, wir wollen doch dieses kleine Kind nicht verhungern lassen!« Mirjam holt sofort die eigene Mutter. Ihre Mutter wird dadurch in der Tat als Amme engagiert.

Die Tochter des Pharaos ist sofort damit einverstanden, das Spiel, wie man sagen kann, mitzumachen. Obwohl sie sich damit gegen ihren eigenen Vater stellt.

Das ist schwer zu sagen, denn sie weiß nicht, wer dieses Kind ist, und ihr Vater kann ihr letztlich auch nichts nachweisen. Auch der Pharao gewinnt mit der Zeit dieses Kind lieb, denn es wird am Hof großgezogen: als ägyptischer Prinz. Der Pharao könnte in dieser Situation immer noch sagen: »Wir wollen ihn aber wieder loswerden!« Nein, dieses Kind ist wirklich beliebt und geliebt am Hof. Es ist dann später sehr, sehr wichtig, dass er so erzogen wird, dass ihm das Verhalten und die Ansichten von Herrschaft geläufig werden. Später, als er das so schwierige und aufmüpfige Volk der Hebräer ins Heilige Land führen muss, hilft ihm das natürlich – und schwierig waren sie allemal nach 210 Jahren Knechtschaft. Es war gut für ihn, diese Erfahrung zu haben.

Kann man denn sagen, dass zu Beginn dieser großen Ge-
schichte Israels Frauen einen wichtigen Beitrag geliefert ha-
ben, dass sie sogar zwingend notwendig waren, um diese Ge-
schichte des Moses überhaupt erst einmal in Gang zu setzen?

Diese Aussage legt den Finger genau auf den hebräischen
Nerv: Ja, es ist so. Es gibt nämlich Feste im hebräischen
Kalender, bei denen die Frauen nicht mitfeiern müssen.
Sie dürfen mitfeiern, aber sie müssen nicht: weil sie in der
Entstehungsgeschichte bei den gravierenden Erlebnissen
keine Rolle gespielt haben. Nehmen wir als Beispiel nur
mal das Laubhüttenfest. Andererseits gibt es aber auch
Feste, bei denen die Frauen unverzichtbar waren während der Entstehungsgeschichte, sodass es dieses Fest,
wie die Tradition sagt, gar nicht geben würde. Das ist das
Pessach-Fest. Und deshalb reden wir heute über diese
Frauen: Ohne diese Frauen gäbe es kein Pessach, das darf
man mit Fug und Recht sagen. Daher ist das Pessach-Fest
ein Fest für Frauen und ohne Frauen nicht denkbar. Daher ist es falsch, dass das letzte Abendmahl – von Leo-
nardo da Vinci bis zu allen anderen – ohne Frauen dargestellt wird. Denn alle Frauen feiern nun einmal dieses
Pessach-Fest mit. Es gibt, wie gesagt, auch Feste wie zum
Beispiel das Laubhüttenfest, bei denen die Frauen als solche zwar herzlich willkommen sind, in der Laubhütte
mitzufeiern. Zwingend notwendig sind sie jedoch nicht
dabei. Aber Pessach ist ein Fest für die Frau: Sie ist zwingend wichtig bei diesem Osterfest!

Was wird denn bei Pessach gefeiert?

Die Befreiung, also der Auszug aus Ägypten. Für dieses
Ereignis sind die Frauen, von denen wir heute sprechen,
fundamental notwendig schon bei der Entstehungsge-

schichte, in der »Befreiungstheologie« Israels. Sie gehören daher an den Abendmahlstisch. Es gibt auch im Evangelium genug herrliche jüdische Frauen, die ich liebe.

Entsteht hier nicht doch ein rechtes Auseinanderklaffen, vor allem im Hinblick auf die feministische Theologie? Denn die feministische Theologie stellt fest, dass Frauen für die Geschichte Israels wirklich unerlässlich gewesen sind, wie zum Beispiel beim Auszug aus Ägypten. Es kommt dann jedoch immer wieder das große »Aber« von anderer Seite, eingebettet in jede Menge Erläuterungen: Die Frauen hätten doch nur eine untergeordnete Rolle gespielt, sie durften Hebammen sein, sie durften Schwestern sein, sie durften Töchter sein und sie durften mütterliche Fähigkeiten haben. Aber eine gleichberechtigte Kraft waren sie angeblich nicht.

Dieser Meinung bin ich nicht. Fragen Sie doch mal eine Frau, die schon einmal Wehen selbst erlebt hat, wie wichtig die Hebamme ist, wenn es kein Krankenhaus und keinen Gynäkologen gibt! Ich selbst bin in Bayern auf dem Dorf auch im Haus geboren: Meine Mutter hatte dabei nur eine Hebamme. Die Hebammen sind also enorm wichtig. Deswegen sind sie auch im christlichen Mittelalter verfolgt und verbrannt worden: weil sie so kluge und unersetzbare Frauen waren, die alle Schliche kannten, um das Baby durchzubringen. Und sie wussten auch alle Schliche, um gegebenenfalls auch eine Abtreibung vorzunehmen. Diese Frauen wussten also unglaublich viel: Sie kannten die Kräuter, sie kannten die rechten Zeiten. Genau deswegen haben manche kirchlichen Autoritäten die Hebammen als Hexen verbrennen lassen. Aber es ist natürlich klar, wenn wir wieder zu dieser Geschichte zurückkehren, dass die Frauen eine Riesenrolle spielen.

Ich möchte gerne noch etwas zu den Hebammen erwähnen: Die genannten Vorgänge haben natürlich auch damit zu tun, dass zu dieser Zeit, wie überhaupt in solchen Kulturen und Gesellschaften, die Männer nicht in diese Tätigkeit, in die Umstände um die Geburt eingebunden waren.

Das hatte damit zu tun, dass die Männer eben nur einfache Knechte waren. Man kann sich das heute kaum mehr vorstellen, aber es war damals so, dass die Männer wirklich in Knechtschaft leben mussten. Sie mussten quasi auf der Erde herumkriechen und meinetwegen die Pyramiden bauen.

Sie haben alle berühmten Städte für die Ägypter gebaut.

Sie mussten diese Häuser nicht nur als Maurer bauen, sondern vorher sogar selbst das Stroh auf den Feldern ringsherum sammeln. Anschließend musste dieses Stroh dann zunächst einmal gepresst werden. Man kann sich heute kaum mehr vorstellen, wie mühselig es damals gewesen ist, diese so genannten Ziegel herzustellen. Die Männer waren von ihrer täglichen Arbeit voll okkupiert. Es war so wie in den Lagern im 20. Jahrhundert, denn es gab damals ebenfalls getrennte Lager für Männer und Frauen. Die Männer konnten bei der Geburt gar nicht bei ihren Frauen sein.

Moses wächst heran und wird nicht nur geduldet, sondern sogar vom Pharao geschätzt. Und dann tauchen auf einmal erneut Frauen auf. Wir sind, wenn ich so sagen darf, bei der nächsten Frauenstation angekommen. Auch das hat wieder etwas mit dem Verhältnis zwischen Ägyptern und Hebräern zu tun. Die Ägypter, für die Moses ein halber Ägypter war, wussten nicht so genau, wie sie ihn einordnen sollten, wenn sie ihm

begegneten. In diesem Zusammenhang erscheint eine kleine Ge-
schichte, bei der sich Moses eingemischt hat. Was war da los?

Diese Geschichte um den heranwachsenden jungen Moses wird erzählt, um uns allen damit etwas zu sagen: Weder die wundervollen Bedingungen am Hof, wo er als
Prinz regelrecht verwöhnt wurde, noch die Anfangszeit
in seiner eigentlichen Familie, wo er wirklich das große
Elend erfahren musste, verminderten seine Möglichkeit,
für sich selbst etwas zu lernen und gerecht zu werden.
Dies sollten wir uns alle zu Herzen nehmen: Egal, wie
die Umstände sind, in denen man aufwächst, man muss
und kann lernen und versuchen, gerecht zu sein. Moses
sieht eines Tages ein Unrecht und empört sich. Er muss
mitansehen, wie ein Ägypter einen Hebräer, einen Sklaven, erschlägt. Moses erschlägt diesen Ägypter. Dies
wird aber gerügt in der Schrift: Das ist noch ein sehr un-
reifes Verhalten. Die Geschichte sagt uns: So nicht! Er
muss dann auch tatsächlich fliehen deswegen. Man
muss als Anführer erst einmal seine Erfahrungen machen. Es gibt nämlich kein Lehrbuch für Anführer, für
Leader. Und so macht auch Moses einige Dinge falsch,
wie uns berichtet wird. Am nächsten Tag muss er dem
Streit zweier hebräischer Sklaven zusehen. Das ist nun
wiederum etwas, das mich selbst immer sehr trifft, wenn
ich die Geschichten von den Vernichtungslagern lese: Da
gab es die Kapos unter den Gefangenen, die ihren eigenen Mitgefangenen Böses antaten. Was tut der Mensch
nicht alles, um sich am Leben zu erhalten. Moses sieht
also, wie zwei Hebräersklaven streiten. Der junge Moses
empört sich erneut, muss dann aber hören, wie der eine
der beiden zu ihm sagt: »Ja, willst du mit mir genauso
umgehen wie gestern mit dem Ägypter?« Da versteht
Moses: Hier kann ich nicht mehr bleiben!

Die Geschichte hat sich herumgesprochen und ist durch diesen Satz endgültig öffentlich geworden.

Ja, und hier findet sich wieder einmal die Aussage: Gott liebt keine Denunzianten. Diese »Message« kommt immer wieder vor in der Bibel. Moses muss fliehen: Er beschließt zu lernen. Er gibt alles auf, den ganzen Glanz und seine Stellung am Hof und geht in die Wüste, nach Midian. Das ist in Transjordanien, jenseits des Jordans. Die Midianiter waren damals wandernde Nomaden, genauso wie die Israeliten auch. Die heutigen Drusen, die von ihnen abstammen, sind ein sehr sympathisches kleines Völkchen: Sie sind alleine schon deswegen sehr interessant, weil sie im ganzen Orient eine der wenigen Gemeinschaften sind, die überhaupt diese Jahrtausende durchgehalten haben. Sie haben auch eine spezifische Eigenschaft: Sie missionieren ihren Glauben nicht und sprechen nicht darüber. Alle anderen Völker wollen doch immerzu missionieren und andere Menschen von ihrem, vom richtigen Glauben überzeugen. Heute gibt es in jeder der Hochreligionen Professoren und berühmte Theologen. Die Drusen sind hingegen sehr geheimnisvoll mit ihrer Religion. Man kann auch nur in sie hineingeboren werden. Man kann nicht mittels Übertritt ein Druse werden! Diese Drusen haben bis zum heutigen Tag einen Heiligen, der den Namen Nabi Schueb hat: Das ist der Prophet Nabi Schueb. Er ist im heutigen Israel begraben. Aus diesem Grund gibt es dort jedes Jahr eine drusische Festlichkeit. Auf dem Berg Karmel existieren bis heute zwei wichtige Drusendörfer, deren Einwohner zum Teil blond und blauäugig sind: Das sind wohl auch die Spuren der Kreuzritter, die damals auch die Drusen vorgefunden hatten. Die Drusen beziehen sich auf Jitro aus Midian als ihren Gründervater. Dieser Jitro kommt mit drei verschiedenen Namen vor in der Bibel: Über dieses Phänomen haben schon viele Professoren gerätselt. Mir ist das jedoch recht einleuchtend: Midian ist einfach ein riesiger Sammelname. Unter diesem Namen gibt es dann im Laufe der Jahrhunderte die Entwicklung von vielerlei Stämmen.

Moses flieht also in die Wüste und kommt dabei in eine Siedlung. Wo geht man dort als Erstes hin? Heute gehen in Deutschland ja auch alle so genannten Gastarbeiter als Erstes zum Bahnhof. Damals war es einfach so, dass man zur Quelle gegangen ist, zum Brunnen. Dort kann man sich die Frauen ansehen und sich über sie ein Urteil bilden, wenn man mag: Die ist schön, die ist weniger schön. Aber auch die Frauen schauen natürlich: »Schau dir doch mal den an!« Das ist wie so oft in der Bibel dieselbe Szene. Im Orient ist das teils bis heute so. Die Töchter kommen also mit ihren Krügen zum Brunnen und schauen, ob böse, fremde Männer kommen oder solche, die sie quasi provozieren. Das sind diejenigen, die es schaffen, dass bei den jungen Frauen auf einmal das Tuch, das den Kopf und die Schulter bedeckt, ein wenig verrutscht. Die Töchter des Jitro sind auch gerade am Brunnen, als Moses dort eintrifft. Es sind dort aber auch böse Lümmel anwesend, welche die Frauen beim Wasserholen stören.

Es heißt in der Schrift, fremde Hirten seien gekommen.

Ja, böse Lümmel. Moses mischt sich natürlich genauso wie Abraham, Isaak und Jakob ein und ergreift Partei für die schwachen Frauen und Mädchen. Er hilft ihnen und verteidigt sie ganz alleine. Das ist eine Geschichte wie bei Jung-Siegfried. Anschließend lädt ihn die Tochter von Jitro ein, die Tochter des obersten Mannes dort. Man ist also gerührt und dankbar.

Moses selbst schöpft das Wasser und hilft den Mädchen. Da-
nach gehen sie zusammen mit ihm nach Hause. Sie laden ihn
ein.

Das will was heißen! Man wird nicht so ohne Weiteres in
so ein Haus eingeladen. Aber wenn die Töchter so dankbar sind, dann geht so etwas.

Die Töchter werden zu ihrem Vater gesagt haben: »Vater, stell
dir vor, der hat nicht nur diese bösen Lümmel vertrieben, son-
dern er hat sogar selbst für uns Wasser geschöpft und uns ge-
holfen.« Sie werden geradezu von ihm geschwärmt haben. Jitro
war oberster Priester in Midian. Was war seine Rolle?

Man kann fast meinen, er war irgendwie transzendent
suchend. Sonst hätte er sich nicht so engagiert und sich
für Moses auch später noch interessiert. Über seine Religion weiß man jedoch kaum etwas. Es geht aber aus den
Texten hervor, dass er im Gegensatz zu den anderen
nichts mit Fruchtbarkeitsorgien oder Menschenopfern zu
tun hatte. Er war damals wohl einfach irgendwie auf dem
Weg. Es ist interessant, dass er uns mit mindestens drei
oder vier Namen vorgestellt wird. Gemeint ist dabei aber
jedes Mal derselbe Mann: Jitro, Reguël, Howav, Schueb.
Innerhalb des Oberbegriffs Midian hat es einfach verschiedene Stämme und Entwicklungen gegeben. Es hat
sich dann ein Stamm der Keniter herausgebildet. Dies hat
dann mit den komplizierten Ereignissen zu tun. Midian
ist manchmal ein Alliierter Israels und manchmal auch
nicht. Das geht bis zu der berühmten Jaël, die ebenfalls
eine kenitische Frau ist. Sie ist es, die später in einem großen Kampf Sisera, den Feldherrn der Kanaaniter, erschlägt. Midian ist ein großer Stamm insgesamt. Dort lan-
det Moses und befreundet sich mit Jitro: Jitro versteht ihn

und ist auch wirklich ein kluger Mann. Er berät ihn, denn er sagt zu ihm: »Moses, du wirst dich ruinieren und aufreiben, wenn du so weitermachst. Du bist überlastet. Du musst daher unbedingt lernen zu delegieren!«

Kann man sich denn vorstellen, dass bereits der junge Moses mit diesem Priester eines berühmten Stammes, der ebenfalls seine Götter hatte, über die Religion gesprochen hat?

Das kann ich mir durchaus vorstellen, wenn ich bedenke, wie uns dieser Jitro vorgestellt und geschildert wird und welche Ausstrahlungskraft Moses hatte. Darüber hinaus bahnte sich eine Liebesgeschichte zwischen der Tochter Jitros und Moses an.

Die Tochter Jitros ist Zippora: Jitro, der Priester, gibt Moses Zippora sogar zur Frau. Ist das nicht ein relativ seltsamer Vorgang? Jemand, der geflüchtet ist, kommt daher, jemand, der nicht zum eigenen Stamm gehört, und bekommt doch die Tochter des Priesters zur Frau?

Das ist genau das, was wir bei Rachel und Rebekka schon erlebt haben. Manche Männer wollen das wirklich nicht glauben: Bereits von Anfang an gibt es in der Bibel eben nicht nur Peitsche, Vergewaltigung und Kindersegen im Verhältnis zwischen Männern und Frauen, sondern auch ganz herrliche Liebesgeschichten. Dies ist wieder so eine Liebesgeschichte, die jedoch im Detail nicht ausgeführt wird, weil Moses nun einmal über allen anderen Gestalten steht: Man kann einfach nicht sagen: »… und Moses küsste die Zippora«. So etwas ist einfach nicht denkbar.

Mich spricht es jedenfalls an, dass diese Gestalten so menschlich sind: Auch Moses braucht eine Frau! Auch Moses hat also im Gegensatz zu so manchem katholischen Priester eine sexuelle »Ausstattung«. Er braucht eine Frau und bekommt auch Kinder. Moses ist ein Mensch wie du und ich. Das ist sehr wichtig. Und noch etwas anderes ist noch viel wichtiger: Er wird mit Absicht nicht bevorzugt oder angehimmelt. Nein, im ganzen Schilfmeer-Lied der Mirjam wird er noch nicht einmal erwähnt, obwohl er doch bei dieser Geschichte wirklich von zentraler Wichtigkeit gewesen ist.

Moses heiratet Zippora. Was geschieht dann? Geht er mit ihr an den Hof des Pharao zurück?

Nein, so einfach geht das nicht. Davor kommt das große Erlebnis am Dornbusch für Moses. Und die beiden haben dann auch bereits zwei Kinder. Moses berät sich in dieser Zeit auch immer mit seinem Schwiegervater. Die beiden haben ein sehr schönes Verhältnis zueinander. Er kommt immer wieder zurück in die Familie seines Schwiegervaters, das ist ein wirkliches Vertrauensverhältnis: Jitro ist sein einziger Vertrauter. Jitro sagt ihm eines Tages, er, Moses, müsse zurück nach Ägypten gehen. Später, in der christlichen Typologie, ist es so, dass das Alte Testament nur als eine Vorschau für das Neue Testament aufgefasst wird: Deswegen flüchten Josef und Maria mit ihrem Kind Jesus nach Ägypten, und dies, obwohl er gerade erst geboren worden war und sie soeben nach Bethlehem geflohen waren. In der christlichen Typologie ist Jesus der neue Moses. Moses selbst ging mit seiner Frau und den Kindern damals zurück nach Ägypten.

Und erst dort beginnt die große Zeit des Moses. In dieser großen Zeit verschwinden die Frauen wieder ein wenig in den Hintergrund. Ein paar davon kommen dann aber im Zusammenhang mit bestimmten Ereignissen mit eigenem Namen vor.

Dies gilt vor allem für seine Schwester Mirjam. Denn Moses bekommt Zugang zu all diesen Frauen erst über seine Schwester. Bei all den großen Schwierigkeiten des Moses im Umgang mit diesem aufmüpfigen Volk ist die Mirjam sehr wichtig. Sie hält die Frauen bei der Stange. Sie ist eine der stärksten Frauengestalten in der Bibel und gilt darüber hinaus sogar als eine der wesentlichsten unter den Prophetinnen, worauf man als Bibelleserin stolz sein kann – egal, welcher Religion man angehört. Unter 48 Offenbarungspropheten befinden sich auch sieben Frauen. An federführender Stelle ist hierbei die Mirjam verortet. Aber ich meine noch etwas anderes: Man hört es ja x-mal, dass Moses gestottert hat und dass Aaron deswegen sein Sprecher, seine Hilfe gewesen sein soll. Aber Aaron war keinesfalls eine so charismatische Gestalt wie Moses: Das ist kein Vergleich, wie man sehr leicht beweisen kann. Mirjam war jedoch sehr wohl eine charismatische Figur. Ich glaube daher, dass sie nicht nur für die Frauen gesungen hat, sondern Moses überhaupt dabei geholfen hat, Israel zusammenzuhalten.

Sie hat Moses geholfen, sie hat ihn aber auch kritisiert und ihm auf die Finger geschaut. Sie hat so manches Mal gesagt: »Lieber Bruder, so geht es nicht weiter mit dem, was du dir hier erlaubst! Das ist eigentlich nicht rechtens!«

Das zielt auf die Geschichte mit der Kuschitin. Die Frage, wer nun mit der Kuschitin gemeint ist, ist ein ganz kompliziertes Problem, bei dem es auch um Zippora geht. Als die Dinge in Ägypten sehr kritisch wurden für die Hebräer – die Situation war richtig lebensgefährlich geworden für die Hebräer-Sklaven –, bleibt Zippora mit ihren Kindern bei ihrem Vater. Das war normal und so üblich. Eines Tages kommt der Vater aber mit Zippora und deren Kindern bei Moses wieder an, und es stehen dann an dieser Stelle auf Hebräisch die Worte: »Nachdem sie Moses weggeschickt hatte!« Dieses Wort ist aber nun einmal wie so viele andere Worte im Hebräischen mehrdeutig. Es könnte sein, dass Moses sie in Sicherheit, in die Geborgenheit der Wüste geschickt hatte.

Er kann sich aber auch von ihr getrennt haben.

Ja, das bleibt offen. Darüber gibt es im Talmud und auch später Bücher über Bücher, denn in diesem Zusammenhang kommt nun auch der Name Kuschitin auf. Kuschit könnte schwarz, dunkelhäutig, bedeuten. Das ist gut möglich.

Luther übersetzt an dieser Stelle ganz einfach: »die Mohrin«.

Ja, aber so ohne Weiteres ist das nicht so. Denn es gibt sehr wohl einen Stamm, der in der Geschichte Kuschan genannt wird. Ich habe bereits erwähnt, dass Jitro mehrere Namen hat und die Midianiter auch als Keniter auftreten. Dieser Stamm Kuschan ist ein Stamm aus dem großen Stamm der Midianiter. Es gibt Gelehrte, die sagen, dass die Kuschitin dieselbe Frau ist, also Zippora, sie hier nur anders genannt wird. Andere sagen aber: »Nein, er hatte Zippora weggeschickt« – was ja ebenfalls möglich sein kann – »und hat eine andere Frau geheiratet.« Die Sache bleibt also offen.

Die Kuschitin ist aber wahrscheinlich eine Frau aus Schwarzafrika, eine Frau, die aus Nubien beziehungsweise Äthiopien kommt.

Das ist nicht gesagt, denn es hat auch in Transjordanien sehr viele dunkelhäutige Menschen gegeben. Es könnte sein, dass sie aus dem Süden Transjordaniens gekommen ist. Man kann sich das heute zwar nicht mehr vorstellen, aber auch in Transjordanien wohnten damals die Israeliten: Ruben, Gad und der halbe Stamm Menasse. Dort lebten auch ihre entfernten Neffen und Vettern, nämlich die Edomiter, die Kinder Esaus und die Moabiter. Das war alles semitisch. Und die Edomiter, die späteren, nicht Esau selbst, sind in der Tat dunkelhäutig gewesen, weil sie sich mit den südlicheren Moabitern und Ammonitern gemischt hatten. Diese Geschichte bleibt also offen.

Ich habe in diesem Zusammenhang etwas Interessantes erlebt: Als ich noch Studentin war, war ich oft bei Ben Gurion eingeladen, der ein guter Bibelkenner gewesen ist: Er hatte selbst einen Bibelkreis, allerdings nicht fromm oder orthodox. Eines Tages war dort in diesen Kreis auch der Ministerpräsident Malan aus Südafrika eingeladen. Damals herrschte in Südafrika noch die Apartheid. Diesem Ministerpräsidenten hat damals in seinem Land niemand widersprochen: Er hat die Apartheid selbst so gewollt und gnadenlos durchgeführt. Malan, der Bure, war also eines Tages ebenfalls eingeladen bei Ben Gurion: Er war ein frommer Calvinist. Man sprach über die Bibel, und Malan sagte, dass er sich mit seiner Politik durch die Bibel absolut bestätigt sehe. Die Bibel gäbe ihm Recht, denn in ihr werde Apartheid befürwortet. Wo gibt es denn das heute noch auf einer Konferenz, dass man wirklich jedes einzelne Wort ausdeutet. Malan bezog sich auf die Stelle: »Es sprachen Mirjam und Aaron …« – In solchen Fällen wird es dem Aaron immer hoch angerechnet, dass sie federführend gewesen ist, während er sozusagen nur im Schlepptau mitging. – Malan schlägt die Bibel auf und sagt: »Bitte schön, Moses, euer Leader, hat eine schwarze Frau und wird dafür gerügt von Mirjam und Aaron. Wir sind im Recht mit unserer Politik in Südafrika.« Ben Gurion nahm dann seinerseits die Bibel zur Hand – ich sehe diese Szene heute noch vor mir – und blättert und blättert und kommt endlich zu einer bestimmten Stelle. Er fragt Herrn Malan: »Was geschieht dann aber mit Mirjam?« Nehmen wir einmal an, das war wirklich eine andere Frau des Moses und sie wäre in der Tat dunkelhäutig gewesen: Ben Gurion fragt, was denn dann mit der Mirjam passiert aufgrund ihrer Vorhaltungen gegenüber Moses. Mirjam war nämlich zu Moses gekommen und hatte gemeckert. Die erste Lehre daraus ist, dass Gott keine Denunzianten und Meckerer mag. Und weil sie wegen der Hautfarbe dieser Frau gemeckert hatte, wird sie auch dementsprechend bestraft. Denn Mirjam wurde »weiß wie Schnee«, sie wurde leprakrank: weil ihr die Schwägerin zu schwarz gewesen war!

Und der Schwägerin ist nichts passiert.

Ja, nur Mirjam; und auch Aaron ist nichts passiert. Viele fragen, warum Aaron nichts passiert ist. Das liegt einfach daran, dass er nur ein kleiner Mitläufer war. Es heißt nämlich immer: »Es sprachen Mirjam und Aaron ...« In der Bibel erscheint also keine Spur von Apartheid, sondern das genaue Gegenteil: »Was, die ist dir zu schwarz? Dann bekommst du Lepra!« Gut, dazu muss man sagen, dass solche Sachen auch im Neuen Testament noch vorkommen: Krankheit wird als Schuld aufgefasst. Noch Jesus sagt: »Es ist deine Schuld oder die Schuld deines Vaters.« Die Menschen waren damals einfach so, dass man für jede Krankheit eine Ursache in der persönlichen Schuld der Kranken sah. Das gibt es heute noch bei so mancher Krankheit. Nehmen Sie nur das Magengeschwür: »Er frisst sich selbst auf! Er frisst seinen Ärger nur in sich hinein!« Die Menschen erachteten also früher Krankheiten als selbst verschuldet. Mirjam muss dann für einige Zeit weg von der Familie: Sie muss, wie wir heute sagen würden, in Quarantäne. Aber auch das wird wieder anders gedeutet: Moses betet nämlich für sie. Und das zeigt wieder die Güte von Moses: Obwohl sie doch so einen Unfrieden stiftet und Unrecht hat, betet er zu Gott. Und ganz Israel wartet, denn das war während der Zeit des Auszugs aus Ägypten. Der Zug stoppt also, und es dauert acht Tage, bis sie geheilt ist und wieder zurückkommt. Und genau das hat Ben Gurion dem Herrn Malan vorgelesen: Er hat damit ausgedrückt, dass es in der Bibel keinen Beweis für die Apartheid gibt. Im Gegenteil, alle sind Kinder Gottes.

Es gibt im Hinblick auf Zippora noch zwei aufregende Punkte: Sie war erstens einmal eine großartige Frau. Moses ist nämlich dauernd unterwegs, wirklich dauernd. Seine Frau ist, wie man das heute nennen würde, eine Alleinerziehende. Die Schrift erzählt uns in diesem Zusammenhang, dass Reguël, also Jitro, mit seinem neuen Schwiegersohn einverstanden war, obwohl er ja zum Zeitpunkt der Hochzeit eine weitaus höher gestellte Person in der Gesellschaft war als dieser Flüchtling und Unbekannte, Moses. Reguël hatte nur eine einzige Bedingung beim Ehebund gestellt: Ein Sprössling aus der Verbindung seiner Tochter mit Moses sollte kein Monotheist sein, sollte nicht wie ein Hebräer erzogen werden. Auch Moses hatte diese Bedingung angenommen, denn das Ganze spielte sich noch weit vor Sinai ab. Moses hatte zwei Kinder, Gerschom und Eliëser. Die Namen sagen bereits wieder sehr viel: »Gerschom« heißt »Ich war ein Fremder dort«, während »Eliëser« »Gott ist meine Hilfe« heißt. Jeder hebräische Name hat ein Programm.

In der Nacht, als sich Moses und Zippora nach längerer Zeit wiederfinden, geschieht etwas ganz Gravierendes. Ich weiß nicht, ob das eine Vision war. Ich denke, das kann man nicht so ohne Weiteres deuten. Es muss ein Schock, ein Schreck, ein Vorwurf, eine Selbstkasteiung oder so etwas Ähnliches gewesen sein. Moses macht sich nämlich schreckliche Vorwürfe, dass aufgrund des Versprechens gegenüber Jitro bei seinem Erstgeborenen die Beschneidung nicht vorgenommen worden ist, denn das wäre das Zeichen der männlichen Abrahams-Nachfolge gewesen. Zippora sagt aber in diesem Moment um des Familienfriedens willen, um des Friedens der Gemeinschaft willen: »Dann mache ich die Sache eben!« Sie geht hin und beschneidet ihren Sohn mit einem Feuerstein. Das ist unglaublich energisch von ihr, und es tritt Ruhe ein in dieser Frage. Das ist die große Leistung Zipporas gewesen: Sie beschnitt ihren Sohn, um den Frieden in der Familie, in der Gemeinschaft zu wahren, denn der Anführer der monotheistischen Tradition musste natürlich einen beschnittenen Sohn haben, damit die monotheistische Tradition, damit dieser Bund mit Abraham fortbestehen konnte.

Denn diese Tradition wäre sonst gebrochen worden.

Ja, und insofern war die Tat der Zippora enorm wichtig: Sie hat verstanden, worum es geht, und hat das Problem gelöst. Hut ab.

Zwölf Frauen sind um Moses. Welche fehlen uns noch?

Ich habe die fünf Töchter Zelofhads definitiv mit dazugerechnet. Es gab nämlich einen Mann namens Zelofhad im Lager: Er hatte fünf Töchter – Machla, Noa, Hogla,

Milka und Tirza. Diese Frauen werden ausdrücklich genannt: Das will auch etwas heißen.

Sobald Namen auftauchen, ist eine Bedeutung damit verbunden.

Ja, Frauen werden oft genannt. Ich kenne eine ganze Menge Frauen im Alten Testament, deren Männer wir nicht kennen. Nehmen Sie als Beispiel Debora: Von ihrem Mann wissen wir gar nichts. Mirjam war auch verheiratet: Auch von ihrem Mann wissen wir nichts. Die Schwester Davids, Zeruja, hat drei herrliche Söhne, alle Generäle: Von ihrem Mann wissen wir nichts. Diese Töchter von Zelofhad werden genannt. Sie sagen, dass ihr Vater in der Wüste ein vermögender Mann sei. Denn dort gab es schon Vermögen. Warum? In der Wüste brauchte es Leute, die den Schmuck herstellten, die Gobelins für die Zelte.

Auch dort gab es natürlich Reichere und Ärmere.

Es gab begabte Menschen, die Zelte mit Gobelins oder Kleider herstellten. Sie sagen, er sei ein vermögender Mann und er hätte als Kinder nur sie, diese fünf Töchter: »Das ist doch ein großes Unrecht, dass wir nicht erben dürfen. Erben dürfen stattdessen nur die Neffen, die Vettern, die Onkel.« Moses nimmt das sehr ernst, er tut das nicht ab. Er geht zu Gott ins Stiftszelt und wartet auf eine Erleuchtung. Die Erleuchtung kommt dann, denn Gott sagt zu ihm: »Ja, diese Frauen haben Recht!« Von da an sind sie und damit alle anderen Töchter in Israel erbberechtigt. Diese Geschichte war so wichtig, dass sie uns anhand dieser fünf Frauen dementsprechend breit erzählt wird.

Die Erbfrage ist in diesen frühen Kulturen und Gemeinschaften eine sehr entscheidende. Das ist der Punkt, an dem das Erbrecht der Frauen offiziell wird.

Ja, absolut. Das ist der Grund, warum uns diese Geschichte erzählt wird. Die Töchter Zelofhads sind seitdem ein Begriff, denn das Erbrecht der Töchter wird von da an kodifiziert: Wenn überhaupt keine Kinder vorhanden sind, dann wurde und wird das so geregelt wie im deutschen Bürgerlichen Gesetzbuch auch. Das Erbe wird dann an die nächste Verwandtschaft verteilt, an Neffen und Nichten.

Moses wäre wohl ohne all diese Frauen nicht zu dem geworden, der er geworden ist.

Ja, das glaube ich. Gut, das ist immer spekulativ. Wir sprechen auch in diesem Fall nur hinterher über diese Dinge, wenn alles vorbei ist. Ich glaube, dass die ganze Geschichte ohne diese Frauen anders verlaufen wäre. Da gibt es zuerst einmal die Mutter von Moses. Dann gibt es Mirjam, daneben die Tochter des Pharao, die Hebammen und auch die Töchter von Zelofhad. Und es gibt dann noch Zippora – entweder sie alleine oder sie zusammen mit der zweiten Frau, der Kuschitin.

Aaron – Vom Sinai zum Goldenen Kalb

(2. Mose 4 bis 4. Mose 20)

Auch die Geschichte von Aaron führt uns nach Ägypten, führt in das ägyptische Exil. Im zweiten Buch Mose erfahren wir von ihm: Er ist der Begleiter Moses und man könnte sagen, alle Kapitel, die auf Moses passen, passen auch auf Aaron. Manchmal heißt es auch, er sei der Bruder des Moses gewesen. Dies kann aber wohl nicht stimmen. Aaron kam möglicherweise sogar von anderswoher.

Das kann man bei so alten Schriften nicht mehr sagen. Moses ist, so heißt es, 80 und Aaron 83 Jahre alt: Wenn wir hier so sehr in den einzelnen Buchstaben klauben würden, dann kämen wir mit solch einer Botschaft nicht zurecht. In dem Zusammenhang muss es einem also egal sein, ob er nun der leibliche Bruder von Moses war oder nicht. Es spricht jedoch auch einiges dafür, denn die Genealogie, die im zweiten Buch Mose steht, ist recht ausführlich: Da gibt es einen gewissen Amram aus dem Stamme Levi, der sich in der Genealogie bis auf Jakob zurückführt, und dessen Frau Jochebed. Die Geschichte liest sich eigentlich ganz spannend. Die Erstgeborene dieses Paares ist die Prophetin Mirjam. Hier an dieser Stelle ist »Prophet« groß als Titel angegeben: Aber eigentlich müsste es »Künder« heißen.

Mirjam ist jedenfalls Prophetin ebenso wie Moses. Im Prinzip sehe ich den Nukleus der ganzen Frühgeschichte des alten Israel in diesen drei Gestalten: Da gibt es nämlich sowohl die Prophetie, dann gibt es die werdende Priesterschaft, die Aaroniten, woher ja bis auf den heuti-

gen Tag das Christentum den aaronitischen Segen übernommen hat, und es gibt die Leviten, also die Mitarbeiter
der Aaroniten. Und ganz im Hintergrund, aber bereits
angedeutet, gibt es die Könige Israels. Es wird nämlich
bei Aaron sehr schön und deutlich gesagt – und es hat alles seinen Sinn, wenn die Schrift etwas sagt, obwohl sie
doch sehr knapp gehalten ist: Aaron ist verheiratet mit
Elischeba, der Tochter von Amminadab, des Stammes-
fürsten des Stammes Juda. Hiermit ist der totale Friede
angedeutet, der zunächst einmal zwischen den Priestern
und der Königsdynastie herrschte. All das ist bereits vorhanden. Aaron ist dieser Geschichte nach der Bruder von
Moses. Und er wird sehr sympathisch beschrieben.

*Wir befinden uns am Ende des ägyptischen Exils. Das heißt,
die vielen Jahre, die die Nachfahren Jakobs in Ägypten ver-
brachten – vielleicht waren es Jahrhunderte –, gehen zu Ende.
Einige Stämme der Israeliten waren freilich von Anfang an in
Israel geblieben.*

Man kann davon ausgehen, dass etliche in Israel geblieben waren. Der Exodus sollte ursprünglich gemäß der
großen Vision von Abraham über 400 Jahre dauern. Abraham hadert im Zusammenhang mit der Vision vom
Exodus gleich schon mal mit Gott – ebenso wie bei So-
dom und Gomorra auch – und fragt Gott, ob 400 Jahre
für die Festigung dieses Bündnisses nicht doch ein bisschen lang seien. Gott lässt sich überreden, er erbarmt
sich, denn gemäß der biblischen Geschichte bleiben sie
dann nur 210 Jahre im Exil, bei dieser schrecklichen Fronarbeit.

*Es herrscht mehr oder weniger Terror gegenüber den in Ägyp-
ten beim Pharao festgehaltenen Israeliten. Aber Moses wird*

immer wieder erlaubt, in die Wüste zu gehen. Er zieht sich zurück, um zu beten.

Aaron taucht zum ersten Mal in dem Moment auf, als es heißt: Moses kommt aus der Wüste zurück nach Ägypten, und einer muss ihm entgegengehen. Aaron wird dazu bestimmt, dies zu übernehmen: Er muss Moses begrüßen.

Erzählen wir die Geschichte mal komprimiert: Moses wächst am Hof des Pharao auf. Es heißt, er würde stottern. Das ist nun ein Phänomen, das bei der Berufung der Propheten immer wieder auftritt: Viele der Propheten haben ein persönliches Problem, ein Handicap, und fühlen sich der Größe des Auftrages nicht gewachsen. Moses sagt so ungefähr zu Gott: »Ich kann das nicht schaffen, ich kann ja noch nicht einmal richtig sprechen. Ich kann das also alles gar nicht wiedergeben!« Denn genau das wäre bei der Prophetie ausschlaggebend.

Mose bekommt den Auftrag, zum Volk Israel zu reden und ihm zu sagen, dass nun dieses und jenes zu tun sei. Er sagt aber, er würde bereits zittern, wenn er überhaupt in der Öffentlichkeit sprechen müsste.

Mose soll die Israeliten erst zu einem Volk, zu einer Einheit formen! Denn das sind bis dahin vereinzelte Wüstenstämme. Moses sagt – und ich finde das sehr ehrlich –, er könne das nicht machen. Da wird ihm nun Aaron zur Seite gestellt, der auch der »Mund des Moses« genannt wird. Dieses Verhältnis zwischen den beiden zieht sich nun quer durch die ganze Geschichte: Aaron ist immer an zweiter Stelle und nimmt diese zweite Stelle auch an. Das wird ihm sehr hoch angerechnet, denn es ist nicht immer der Fall, dass sich einer freiwillig in die Position des Zweiten begibt, wenn es in so unglaublich komplizierten Situationen zwei Anführer gibt: Aaron will Moses nicht übertrumpfen und er meutert – mit einer Ausnahme – nie. Er verdrängt Moses nie und fügt sich wirklich in diese zweite Position ein.

Moses braucht Aaron unbedingt, um den Kontakt zum Volk überhaupt aufnehmen zu können.

Wenn wir das mit unseren heutigen Zeiten vergleichen: Nehmen Sie doch die vielen Völker, die in unserer Zeit in Südamerika oder in Afrika in Freiheit gelangt sind: Da gibt es auch überall aus diesen Völkern heraus erwachsene große Männer, und auch diese großen Persönlichkeiten können nicht alles alleine machen. Das wäre unmöglich. Bei unserer Geschichte kommt noch hinzu, dass sich das eigene Volk in der Fremde im Zustand der Unterdrückung befindet. Jitro, der Schwiegervater des Moses und Vater der Ziporra, sagt zu Moses, dass er das nie schaffen könne.

Jitro sagt zu Moses in etwa: »Moses, das kannst du nicht leisten, da bekommst du einen Herzanfall! Du musst jemanden haben, der dir hilft!« Wir sehen also rings um Moses einen harten Kern von Helfern. An allererster Stelle steht dabei Aaron, auf den sich Moses blind verlassen kann; auch dann, wenn er, Moses, am Anfang der Geschichte öfter fliehen muss. Er muss sich – und darum beneide ich ihn überhaupt nicht – zuerst einmal gegenüber den eigenen Leuten durchsetzen. Es gibt in solchen Situationen immer noch andere, die gerne nach vorne preschen würden. Erwähnen wir in diesem Zusammenhang einen gewissen Korach. Moses sieht sich natürlich auch vielen Anfechtungen vonseiten der Unterdrücker ausgesetzt, ebenso der Wortbrüchigkeit des Pharao.

Aaron ist also in der Reihe seiner Helfer an erster Stelle zu nennen. Daneben gibt es seine Schwester, Mirjam. Hinzu kommt noch Hur, der als Sohn der Mirjam bezeichnet wird. All diese Leute sind enorm wichtig. Die erste Geige aber spielt Moses, die zweite Aaron.

Aber entscheidend ist, dass auch Aaron eigens berufen wird. Das heißt, er bekommt von Jahwe eine Rolle zugeteilt und ist als Begleiter des Moses unentbehrlich. Man kann fast sagen, dass er eine eigene Sendung hat: Er wird jedenfalls ebenso aus dem Volk Israels herausgerufen.

Ja, denn wir haben wie erwähnt bereits den Nukleus der zukünftigen Priesterschaft vor uns. Da sind Dinge angelegt, die bis auf den heutigen Tag von der jüdischen Synagogenliturgie und der christlichen Liturgie übernommen worden sind. Selbst im Islam, und das ist sehr interessant, ist die Rolle des Aaron ganz fantastisch übernommen worden. Er heißt dort Harun. Wir kennen doch auch Harun Al Raschid. Der Koran sagt übrigens: Mussa und Harun haben »das Buch« bekommen. »Das Buch« ist hier natürlich die Bibel. Der Ausdruck »das Buch« ist im Koran zu dem bekannten Wort »das Volk des Buches« weitergebildet worden, womit die Juden gemeint sind. Der Koran ist ebenso wie das Alte und das Neue Testament, bildlich gesprochen, eine Art Steinbruch: Es gibt immer solche und solche Zitate. Bezüglich Moses und Aaron wird im Koran erzählt, dass Schafia, eine der Frauen von Muhammad, eine Jüdin gewesen sei. In der Umgebung von Medina hat es natürlich auch Juden gegeben, zwei große Stämme sogar. Diese Schafia wird nun gelegentlich von anderen Frauen gemobbt, wie man heute sagen würde. Sie wird von Muhammad getröstet, indem er zu ihr sagt: »Schafia, Liebling, sag ihnen, wenn sie dich wieder ärgern, du bist eine Tochter von Mussa und eine Nichte von Harun!« (Ich zitiere hier islamische, arabische Quellen.) Sie stammt demgemäß also aus größtem und feinstem Adel. Mich hat das sehr berührt, als ich das alles gelesen habe: Der Koran sagt nämlich, dass das, was in der Geschichte um Aaron/Harun mit dem Goldenen Kalb passiert ist, Harun auf keinen Fall angelastet werden könne. Im Koran heißt es weiter: Ein gewisser Samiri sei hier vielmehr die treibende Kraft gewesen. Damit sind sicherlich die Leute aus Samaria, also die Samaritaner, gemeint. Selbst im Koran wird also Aaron liebevoll und hoch geschätzt behandelt.

Er ist in der Tat eine liebenswerte und wichtige Gestalt. Wobei es sich Jahwe aber doch sehr umständlich macht, wie man sagen kann. Denn er sagt immer zu Moses: »Sag du dem Aaron, was ich dir jetzt gesagt habe, damit er es wieder an das Volk weiterträgt.«

Das geht gar nicht anders. Sie müssen sich das nur mal auf die heutige Zeit übertragen vorstellen. Da gibt es eine Bundeskanzlerin, die die Verantwortung trägt. In unserer Geschichte ist das Moses. Gott spricht zu Moses.

Wenn also Moses kein Stotterer gewesen wäre, wenn wir das hier mal so unhöflich ausdrücken dürfen, dann hätte er diese Verkündung und die Predigt und alles das alleine machen müssen. Gott aber befugt Aaron, diese Aufgabe zu übernehmen.

Wobei aber ein Unterschied gemacht wird: Moses verkehrt mit seinem Gott direkt. Zwischen Moses und Gott gibt es ein direktes Verhältnis, ein Ich-du-Verhältnis. Aaron hingegen kommt nicht in diese Situation.

Ja, das ist ausdrücklich eine einmalige Situation.

Wenn später die Priesterschaft Thema sein wird, werden wir das noch einmal deutlich machen. Die Geschichte um Aaron beginnt mit dem Auszug aus Ägypten beziehungsweise mit dem Versuch des Auszugs. Moses und Aaron versuchen beide immer wieder, den Pharao dazu zu bringen, sie ziehen zu lassen. Das ist wie eine unendliche Geschichte, die dann von den Plagen gekrönt wird, die über den Pharao kommen.

Ich halte das für eine ausgesprochene Umweltproblematik, die uns hier zum ersten Mal geschildert wird. Es heißt, der Nil sei rot geworden oder es habe plötzlich unglaublich viele Frösche gegeben: Das sind, wie gesagt, möglicherweise Umweltprobleme.

Hätte diese Umweltprobleme dann Jahwe verursacht?

Nein, das ist, genau genommen, die Folge dessen, was die Menschen tun. Das ist beim Pharao auch nicht anders. Der Pharao wird jedes Mal gewarnt. Moses geht zu ihm und sagt: »Lass mein Volk ziehen!« Das ist dieser Satz, der in den Spirituals so schön gesungen wird. Der Pharao sagt dann immer: »Ja, ja, ist schon recht, ihr könnt gehen, ich brauche euch nicht mehr.«

Zunächst einmal ist er immer sehr verbindlich.

Ja, und wenn sich die Israeliten dann aufmachen und rauswollen, lässt er sie verfolgen und bricht sein Wort. Diese Geschichte wiederholt sich mehrmals. Für Moses ist das unglaublich mühselig: Jedes Mal wieder zieht er los mit dem Volk und jedes Mal kommt der Rückzieher des Pharao. Obwohl sich der Pharao so verhält, sagt Moses zu ihm: »Gut, ich werde für dich beten, damit die Plagen wieder aufhören.« Wenn sich die Situation wieder beruhigt hat – die Farbe des Nils wird wieder normal, die Heuschrecken werden weniger –, fängt der Pharao aber immer wieder von Neuem an.

Die Israeliten ziehen schließlich doch aus Ägypten weg. In diesem Wegzug geschieht dann erst die Gründung Israels. Das heißt, Moses empfängt ständig Botschaften von Jahwe: Das geht hin bis zu unendlich differenzierten Vorschriften, die dann wiederum Aaron dem Volk zu erklären hat. Warum kommen diese ganzen Vorschriften, warum findet die Gründung der Identität dieses Volkes gerade auf dem Weg von Ägypten ins Gelobte Land statt?

Das kann man leicht erklären: Erstens ist die Gründung ja bereits mit den Vätern geschehen. Dazu gibt es die Genesis-Geschichte mit Abraham, Isaak und Jakob und den zwölf Stämmen. Die Geschichte, um die es geht, findet nicht im luftleeren Raum statt. Mit Absicht wird das an diese alte Tradition angeschlossen. Aber wir haben dennoch eine Gründungsgeschichte vorliegen. Was die Vorschriften angeht, so existieren in der ägyptischen Geschichte selbst aus der Zeit des Pharaos Mernepta einzelne zaghafte Quellen über die Knechtung Israels in Ägypten. Wenn Leute über sehr lange Zeit in einer sehr schweren Knechtschaft unterjocht sind, dann können sie doch nicht so einfach eine eigene Ethik begründen. Man konnte auch nicht erwarten, dass man in Auschwitz eine neue Umweltethik einführt. Man kann das nicht, wenn einem der Stiefel des Unterdrückers die ganze Zeit im Nacken sitzt. Während dieser Jahrhunderte in Ägypten war es einfach nicht möglich, dass die Menschen aufrecht stehen, und in unserem Zusammenhang ist es nun egal, ob das 200 oder 400 Jahre gewesen sind. Genau das dürfen und sollen sie dann aber ab der Geschichte vom Berge Sinai. Von da an sagen sie: »Ja, wir tun es und wir hören es!« Sie nehmen die Botschaft vom Berg Sinai an. Sie wird ihnen nicht mit Gewalt oktroyiert. Andere, die dabei waren, haben sie nicht angenommen.

Ist es nicht wahrscheinlich, dass die Israeliten in all dieser Zeit in Ägypten die Lebensgewohnheiten, die Bräuche der Ägypter mitangenommen haben, mitannehmen mussten?

Das glaube ich schon, aber das war dennoch nur sehr begrenzt der Fall. Jakobs Nachfahren leben im Lande Goschen. Als ganz am Anfang der erste Pharao – wir begegnen in der Geschichte mehreren Pharaonen – regierte, war das für sie noch eine gute Zeit. Sie lebten dort in völliger Anerkennung und in Freiheit gegenüber dem Pharao, weil sie Schafhirten waren und Schafe einen Teil des Heiligtums der Ägypter darstellten. Das Schaf stand – wie bereits erwähnt – unter Tabu, und aus diesem Grund konnten die Israeliten dort schön separat leben. Nicht etwa deshalb, weil das bereits eine Frühform eines Ghettos gewesen wäre, sondern gerade deshalb, weil sie völlige Wertschätzung genossen haben.

Nach dieser Anfangszeit kommt es dann unter einem späteren Pharao zu einer ganz anderen Einstellung gegenüber den Israeliten. Es ist kein Geheimnis, dass sie dann in furchtbaren Verhältnissen leben müssen. Heute würde man sagen, dass sie in Lagern hausen mussten: Sie hatten sich selbst die Materialien für ihre Bauten beschaffen. Das wird in der Bibel alles ganz genau beschrieben. Es waren jedenfalls ziemlich schlimme Verhältnisse: Die Töchter der Israeliten wurden sozusagen ägyptisiert –

und wie das ablief, kann man sich heutzutage leicht vorstellen. Die Knaben der Israeliten – hier gibt es die schöne Geschichte um die Hebammen – sollten ertränkt werden. Ansonsten bestand das Leben für die Israeliten in reiner Fronarbeit.

Sie sind völlig unterjocht. Ihnen wird gesagt, sie sollten Ziegel herstellen, aber sie bekämen dafür nicht das notwendige Stroh, das sie sich dann irgendwo zusammensammeln mussten.

Sie mussten unter schwersten Bedingungen leben. Es herrscht völlige Demoralisierung, als dann endlich die Geschichte um Moses und das Schilfkästchen auftaucht. Später, in der Nacht des Auszugs, kommen dann wieder die Schafe ins Spiel, die geschlachtet wurden: Es war sozusagen die Unabhängigkeitserklärung der Hirten, dass in jener Nacht des Auszugs jede Familie öffentlich ein Lamm schlachtet und das Blut des Lamms an die Türpfosten streicht. Das wurde nicht gemacht, um die Tiere zu quälen – die Tiere wurden schließlich gegessen, was ja erlaubt ist –, sondern das war eine Unabhängigkeitserklärung, denn das Schlachten eines Lamms war für die Ägypter ein Gräuel. Sie konnten es nicht mitansehen, dass diese Menschen »ihre« heiligen Schafe schlachteten. Darauf beziehen sich noch bis hinein ins Christentum die ganzen Geschichten um das Schaf: Denken Sie nur an den späteren Ausdruck »Lamm Gottes«.

Die Einflüsse aus Ägypten waren also sicherlich vorhanden, aber ich wollte mit der Schilderung der genauen Umstände erläutern, dass die Einflussnahme so groß wiederum nicht gewesen sein konnte. Die Israeliten sind aber andererseits auch nicht imstande gewesen, unter solchen Umständen eine eigene, neue Ethik anzunehmen. Ich sehe allerdings auch den Einfluss von Echnaton. Da ging es ebenfalls bereits um den keimenden Ein-Gott-Glauben.

Entscheidend ist, dass diese speziellen Regeln über die Reinigungen, über die Essgewohnheiten, über die Opferungen erst auf dem Weg ins Gelobte Land gegeben werden. Das sind Regelungen, die in dieser Differenzierung nur noch im Islam erscheinen, in dem ganz genaue Speisevorschriften gemacht werden. Dies charakterisiert die beiden Religionen im Vergleich zu anderen. Braucht denn Jahwe so viele Regelungen, um die Leute bei der Stange halten zu können? Sind die Regeln nur der Knüppel, damit wir uns brav verhalten?

Nein, Gott braucht das bestimmt nicht. Schauen Sie sich die Geschichte um die Propheten seit der frühesten Zeit an: Das fängt schon bei Samuel an und geht über die ganze Zeit weiter. Schon bei Samuel wird gesagt: »Gott braucht eure Tieropfer nicht und Gott braucht euren Weihrauch oder sonst irgendwelche Kulte nicht!« Nein, wir Menschen brauchen das. Wir sehen das bis auf den heutigen Tag: Wir kommen ohne solche Regelungen nicht aus! Die Menschen brauchen einen Rahmen für ihre Religion: Diese Regelungen sind der Rahmen der neuen Ethik. Abgesehen davon möchte ich aber nur noch einmal darauf hinweisen, dass dieser Rahmen tierfreundlich und umweltfreundlich ist, denn hier gibt es ganz klare Begrenzungen: weniger essen; nicht alles haben wollen, was es gibt; nicht alles tun, was machbar ist.

Aaron wird zusammen mit Moses zum Verkünder all dieser Weisungen Jahwes. Das Volk bewegt sich dabei auf seiner Wanderschaft in Richtung des Gelobten Landes. Immer wieder muss Aaron vermitteln zwischen Moses und den murrenden Israeliten, die schon bald anfangen zu sagen: »Oh, hättet ihr

uns doch bei den Fleischtöpfen Ägyptens gelassen! Wir wan-
dern da Tag um Tag, Woche um Woche in der Wüste umher.
Dabei haben wir nichts zu essen und zu trinken.« Moses muss
sogar Wunder vollbringen, damit die Leute wieder friedlicher
werden und sie sich nicht zurücksehnen in die Gefangenschaft.

Das tun sie doch sowieso. So etwas kennt man auch aus
unserer Gegenwart. Ich möchte niemandem auf die
Hühneraugen treten, aber wenn ich mir die fünf neuen
Bundesländer so ansehe, dann gibt es dort in gewissen
Kreisen die Tendenz, die Vergangenheit zu vergolden.
Man sagt, dass es damals besser gewesen sei. Manche
Partei dort lebt sogar von dieser »Ostalgie«. Auch dort
wird also gesagt: »Wir haben doch gar nichts von der
heutigen Zeit. Es wäre besser gewesen, wir hätten alles
so belassen, wie es früher war!« Es ist eine menschliche
Schwäche, die Vergangenheit zu vergolden, wenn sie
vorbei ist. Es gibt auch Humor in der Bibel, denn die
Schilderung dieser Umstände damals ist schon fast wit-
zig. Als die Kinder Israel schreien, sie hätten damals so
viel Knoblauch und Brot und Fleischtöpfe gehabt, weiß
man, dass sie dort nur gejammert hatten, weil sie wirklich am Verhungern waren und ihre Kinder ertränkt wurden.

Aber in der Rückschau war das ein goldenes Zeitalter.

Ja, so sind die Menschen. Moses nimmt das jedoch alles,
und das muss man wirklich hervorheben, mit einer unglaublichen Liebe auf sich. Er macht das, obwohl er es
gar nicht müsste: Jeder andere hätte doch vermutlich den
Bettel hingeworfen. Wenn man diese Texte genau liest,
kann man das auch als stellvertretendes Sühneleiden betrachten: Selbst die eigene Familie leidet darunter. Hier-

bei kommt es dann zu dem großen Eklat, dem einzigen Fall, in dem sich Aaron einmal gegen seinen Bruder stellt: Als Mose eine Kuschiterin, eine schwarze Frau, heiraten möchte, ist Aaron gegen diese Verbindung. Mirjam – ein peinlicher Fall für so eine kluge Frau – ist es ebenfalls, und dabei sogar federführend. Nun, so sind halt die Frauen, obwohl ich mich immer wieder wundere, wenn ich diese Texte lese. Aaron ist zwar immer nur im zweiten Glied, wie wir bereits mehrfach erwähnt haben, aber er stellt sich nun das einzige Mal gegen seinen Bruder. Mirjam ist die Wortführende: Mirjam murrt gegen diese Verbindung des Moses mit der schwarzen Frau, und Aaron schließt sich ihr an.

Haben Mirjam und Aaron nicht Recht? Hier beginnt doch die Scheidung, die besagt, dass die Israeliten unter sich bleiben müssen.

Nein, das ist ja alles noch vor-sinaitisch: Er darf sie heiraten, denn am Berge Sinai, wo das Gesetz angenommen wird, sind wir an der Stelle noch nicht. Abgesehen davon hat es später noch viele, viele Fälle von Übertritten gegeben. Auch in dieser Geschichte gibt es jede Menge solcher Übertritte. In jener Nacht des Auszugs aus Ägypten, in jener Nacht, die auch enorme Ausstrahlungskraft noch für das Christentum hatte, geschah es, dass sich viele Hunderttausend Ägypter den Kindern Israel bei deren Auswanderung in Richtung Sinai angeschlossen haben: Sie waren überwältigt von den Wundern, die in der Mitte der Israeliten geschehen waren. Dass sie einfach mitgegangen sind, ist ein wunderbares Beispiel für die Integration: Diese Episode ist auch ein Beleg gegen die Gerüchte, dass die Auswanderer irgendwie nur eine elitäre Gemeinschaft gewesen wäre. Nein, man hat die hinzugekommenen Ägypter sofort angenommen: Sie durften mitziehen. Dass sie dann nachher Schwierigkeiten hatten, ist eine andere Frage. Wenn man sich das Problem von Einwanderung und Zuwanderung heute anschaut, dann sieht man, dass so etwas bis in die heutige Zeit hinein zu Problemen führen kann. Wichtig ist, festzustellen, dass sie angenommen wurden: Jeder Fremde wird angenommen! Das war später auch zu Zeiten Davids der Fall. Mirjam kritisiert deutlich die zweite Ehe von Moses, und Aaron, im zweiten Glied stehend, schließt sich ihr an. Aber Aaron wird erneut nicht bestraft dafür, Mirjam hingegen schon.

Für die Chuzpe der Mirjam, dass sie etwas gegen eine schwarze Schwägerin einzuwenden hat, bekommt sie sofort einen Nasenstüber von Gott: Sie wird ganz weiß, sie bekommt den Aussatz. So nach dem Motto: »Was? Diese Frau ist dir zu schwarz? Dann sollst du ganz weiß werden!« Gut, die Menschen damals haben diese Zusammenhänge nur so begriffen. Sie bekommt jedenfalls einen fürchterlichen Hautausschlag. Dies hat das Volk und hat auch die Tradition sofort darauf zurückgeführt, dass es gegen eine schwarze Frau nichts einzuwenden gibt, dass diese Frau wirklich akzeptiert wird. Dieser Ausschlag der Mirjam wurde also sofort als Hinweis aufgefasst. Hier findet sich jedenfalls der einzige Fall, bei dem Aaron – zusammen mit seiner Schwester – gegen Moses auftritt. Aaron wird aber nicht bestraft dafür. Moses ist erneut der Gütige, indem er ins Zelt zu Gott geht und ihn um Verzeihung für Aaron und Mirjam bittet. Moses ist also nicht gekränkt und nicht nachtragend. Mirjam wird dann auch sofort verziehen.

Wie erklären Sie sich das Phänomen, dass Moses in den »fünf Büchern« einmal selbst spricht und ein anderes Mal Aaron zum Volk spricht? Hat das mit den verschiedenen Verfassern dieser Bücher zu tun, die unterschiedlich argumentieren? Es gibt in den Geschichten oft eine Doppelung der Handlung. Eine Wiederholung der Weisung und Vorschriften liegt vor, bei der alles ein wenig nuanciert wird. Dadurch wird deutlich, dass mehrere Autoren am Werk waren.

Es gibt unglaublich viele Stimmen und Exegeten in dieser Hinsicht. Diese Erzählung wurde über viele Jahrhunderte nur mnemotechnisch, also rein aus dem Gedächtnis, weitergegeben: Sie wurde auswendig gelernt und dann in den Zelten und auf den Wanderungen erzählt, diskutiert und tradiert. Damals gab es noch keine Bücher und keine Schriftrollen, damals gab es noch kein Fernsehen: Diese Geschichten waren die Unterhaltung.

Natürlich gab es auch verschiedene Stränge, die dann von einem »Redakteur« zu einem Strang zusammengefasst wurden. Wobei es so ist, dass man auch im Hebräischen oftmals über gewisse Differenzen stolpert. Der große Wurf jedoch ist meiner Meinung nach auf alle Fälle stimmig.

Der große Wurf stimmt ganz sicher. Aber erstaunlich ist, dass Aaron gelegentlich nicht gebraucht wird und Moses selbst ganz eloquent formulieren kann.

Im Einzelfall könnte er das sicher. Aber es spricht auch für die Bescheidenheit des Moses, dass er andere Leute hinzuzieht.

Zu den vielen Geschichten um Moses fällt mir gerade die Sache mit dem »gehörnten Moses« von Michelangelo ein. Als Moses vom Berg Sinai herunterkommt, heißt es im hebräischen Text – und von diesem hebräischen Text müssen wir als Grundlage ausgehen: »karan or panaw«.

Das heißt, sein Angesicht strahlte. Dieses »karan« hat aber in der sehr kompakten hebräischen Sprache zwei Bedeutungen. Es heißt auch Hörner, denn »keren« heißt das Horn beim Tier. So wurde über viele Jahrhunderte diese Stelle in allen abendländischen Sprachen übersetzt: »Moses kam vom Berge Sinai, und sein Gesicht war behörnt.« Michelangelo hat davon wohl auch gehört, und deswegen hat bei dieser weltberühmten Skulptur Moses Hörner auf. In Wirklichkeit strahlte das Gesicht des Moses.

Man kann diese Geschichte ohnehin nur anekdotisch oder aufgeteilt in Szenen erzählen. Wir müssen unbedingt die berühmte Szene aufgreifen, in der das Goldene Kalb erscheint. Was ist da geschehen?

Moses scheint immer wieder auf den Berg gestiegen zu sein, um seine Gespräche mit Jahwe zu führen. Die Israeliten saßen derweil unten am Berg und sagten sich wohl: »Wo ist denn Moses geblieben? Vielleicht ist er schon längst irgendwo abgestürzt, und wir sitzen jetzt hier und sind die Dummen.« Es gärt jedenfalls in dieser Situation und es kommt zum Aufruhr. Was macht Aaron in diesem Moment?

Wir finden hier vielerlei Motive und Traditionen, die bis heute ihre Wirkungskraft behalten haben. Auch Jesus war später 40 Tage lang alleine in der Wüste. Es geht um die Absonderung, die ein Denker, ein Prophet, unbedingt braucht. Wenn man eine solche Last, eine solche Verantwortung hat, dann muss man sich eben von Zeit zu Zeit absondern. Das Gebirge ist bei allen Völkern die Wohnung der Götter. Man muss nur einmal daran denken, dass erst im 19. Jahrhundert jemand, ein Engländer, das Matterhorn bestiegen hat. Bis dahin wohnten auch in Europa die Götter auf dem Matterhorn oder sonstwo.

Moses geht also fort und überträgt in der Zwischenzeit Aaron die Verantwortung. Man darf keinesfalls vergessen, dass es sich bei all diesen Leute um einen entlaufenen Haufen handelte. Das ist historisch tatsächlich belegt. Dieser entlaufene Haufen schreit nun, er wolle trinken und essen. Das ist wie heute auch: Alle Probleme sollen auf der Stelle gelöst werden. Hinzu kommen die permanenten Angriffe von außen: Da sind die feindlichen Amalekiter, die die durchziehenden Stämme, obwohl diese friedlich sind, nicht in Ruhe lassen. Aaron ist der Sache nicht gewachsen. Das Volk schreit, und Moses ist spurlos verschwunden.

Die Israeliten schreien natürlich auch: »Wo ist denn nun dein großer Gott?«

Sie beschweren sich und fragen, warum man sie überhaupt aus Ägypten herausgeholt hatte. Das ist diese Vergoldung der Vergangenheit. Sie rufen nach einem Gott, der wirklich anwesend ist. Das ist auch heute wieder ein Problem geworden: Wenn wir immer gottloser leben, dann finden Sekten Zulauf.

Irgendetwas brauchen die Leute anscheinend immer, um es anbeten zu können.

Ja, die Leute brauchen einfach immer einen Rahmen: eine Vergangenheit, eine Zukunft, eine Linie. Die Alternative wäre ein Kreislaufdenken: Der Nil kommt jedes Jahr mit Überschwemmungen, die das Land befruchten, und alles fängt wieder von vorne an, die Leute werden geboren und sterben, und alles geht immer so weiter. Die Botschaft von Moses war jedoch: »Nein, wir gehen raus aus diesem Rahmen, wir gehen gradlinig, wir kommen irgendwoher und wir pilgern irgendwohin.« Dies deutet sich damals alles schon an. Die Leute sagen aber zu Aaron in dieser Situation: »Wir brauchen einen Gott!« Aaron versucht nun, und das wird ihm später hoch angerechnet, die Sache zu unterdrücken: Er will mit den Leuten verhandeln. Das klappt jedoch nicht, denn es kommt zu Gewaltausbrüchen. Aaron ist der Sache nicht gewachsen – weder hinsichtlich der Gewaltbekämpfung noch hinsichtlich seiner Fähigkeiten als Anführer.

Aber er hat doch den genialen Einfall.

Ja, denn er sagt zu den Leuten, sie sollten ihr Gold und ihr Silber hergeben, damit daraus eine neue Gottheit gegossen werden könne. Das Gold und das Silber besitzen aber in der Regel die Frauen. Das ist nun eine amüsante Sache, denn Aaron glaubt, dass die Frauen eigentlich an einem solchen neuen Glauben, an einer solchen Entwicklung nicht sonderlich interessiert seien. Da hat er sich jedoch krass geirrt: Die Frauen geben all ihr Gold, all ihr Geschmeide her. Es bleibt ihm also kein anderer Ausweg, als daraus etwas gießen zu lassen. An dieser Stelle gibt es nun verschiedene Deutungsmöglichkeiten. Ich sehe in der Tatsache, dass er ein Kalb herstellen lässt, immer noch einen lobenswerten Versuch seinerseits, das Ganze irgendwie umzubiegen. Denn wir wissen, dass es im Mittelmeerraum, also in der ganzen Umgebung ringsum, den unglaublichen Kult des Stiers gab. Der Stier ist ein wirklich furchterregendes Tier. Ich habe mir das jüngst einmal auf einem Bauernhof zeigen lassen, in Schleswig-Holstein, wo es noch wirkliche Stiere und nicht nur arme kastrierte Ochsen gibt. Welche Wucht so ein Stier hat, das ist beachtlich. Denken Sie nur an Zeus und an seine Europa, auch für diesen Kontinent ist der

Stier von eminenter Bedeutung. Aaron lässt so einen Stier karikieren …

Sie meinen, dass die Darstellung eines Kalbes lediglich eine Karikatur darstellt?

Ja, das meine ich, denn ein Kalb, so ein Kälbchen, ist doch etwas Goldiges.

Wenn dem so wäre, dann hätte Aaron sich hinterher nicht den Zorn des Moses zugezogen.

Doch, weil er einfach nicht imstande war, die Leute unter Kontrolle zu halten. Moses lenkt dann aber seinen Zorn gar nicht so sehr auf Aaron, denn Aaron kommt auch in dieser Geschichte wieder gut weg. Nein, Moses ist ganz einfach empört, wütend und frustriert: »Nun bin ich gerade mal 40 Tage weg, und schon passiert so etwas!«

Aaron hat das Goldene Kalb herstellen lassen. Dieses wird dann aufgestellt, und die Israeliten freuen sich: Sie tanzen um es herum! Sie vollziehen mit dem Tierbild einen Kult wie alle anderen Nachbarvölker auch.

Genau. Das mit den Nachbarn müssen wir wirklich betonen, denn das war etwas sehr Neues, was von den Israeliten gefordert wurde. Ihr Monotheismus, ihr Gott, war ungreifbar: Das ist ein Gott, den man nicht sehen kann, den man nicht hören kann, den man nicht anfassen kann. Diese Bedürfnisse sind der Grund dafür, warum es in einigen Ländern der Erde bis heute noch Animisten gibt, die eine Gottheit zum Anfassen brauchen.

Moses kommt dann zornig vom Berg herunter, hat die steiner-
nen Tafeln in den Händen, haut sie auf den Boden hin und ruft:
»Was ist denn jetzt los mit euch?« Zu Jahwe sagt er: »Mein
Gott, was hast du da für ein Volk! Diese Menschen sind eigent-
lich Blinde, denn sie haben immer noch nicht gemerkt, worum
es geht.« Aaron versucht sich in dieser Situation ein wenig
rauszuschwindeln. Er meint nämlich: »Ach, das hat sich halt
so ergeben.«

Ich erwähnte bereits, er stand immer im zweiten Glied.
Aber ich bin immer noch der Überzeugung, dass er eigentlich das Beste daraus gemacht hat. Er sagt dann noch
etwas zu Moses, von dem ich bis heute nicht so genau
weiß, wie man es beurteilen soll. Er sagt zu Moses, das
seien hauptsächlich diese Hunderttausende gewesen,
die sich, wie wir vorhin schon angemerkt haben, den
Israeliten angeschlossen hatten. Sie waren noch nicht
richtig integriert und wollten ihre Gottheit von früher
zurückhaben. Moses ist nach zwei Seiten stark herausge-
fordert. Erstens sagt Moses zu Gott: »Bitte, strafe mich!«
Das ist wieder eine herrliche Geste von Moses. »Straf
mich, straf nicht das Volk.« Aber Gott sagt so ungefähr,
und das ist eine sehr, sehr tröstliche Botschaft: »Nein,
mein Lieber, es gibt keine Kollektivschuld. Jeder soll
selbst für seine eigene persönliche Schuld einstehen. Du
wirst jetzt hingehen und Ordnung machen müssen!« Es
gibt vom ersten Moment an keine Kollektivschuld und
auch keine Kollektivunschuld. Es kommt dann praktisch
zu einer Revolution, und Moses muss zusammen mit
den Leviten, seinem eigenen Stamm, Ordnung schaffen.
Denn es geht eben nicht ohne Ordnung, besonders nicht
in diesem Zustand des Transits.

Er hat diese Leute dann wirklich hart bestraft.

Ja, es muss nach dieser Rebellion wieder Ruhe einkehren. Das ist wirklich eine schwere Strafe, denn die Rede ist von 3000 Toten.

Wie kommt es dazu, dass Moses Aaron als seinen »Mund« zum Priester salbt? Wie kommt es, dass dieser dabei Vorschriften bekommt, die festlegen, wie er sich kleiden und was er sonst noch alles tun muss?

Ich sagte schon, dass wir von diesem Moment an das Prophetenamt, das Künderamt haben. Ich verwende den Ausdruck »Prophet« eigentlich nur recht ungern, weil dieser Ausdruck eigentlich aus dem alten Griechenland kommt, wo man in Delphi für Geld seine Vorhersagen in Auftrag geben konnte. Das ist so, wie meinetwegen heute die Umfragen von Emnid oder Infas. Der Prophet ist aber keine Institution wie das Orakel in Delphi. Der Prophet ist eigentlich ein Mahner und ein Künder: Er sitzt immer zwischen allen Stühlen. Das ist Moses selbst.

Aber Aaron ist dann der Priester.

Ja, Aaron repräsentiert quasi die Priesterschaft. Daneben gibt es noch das aufkommende Königtum von Juda. All das zeichnet sich hier schon ab. Die Priesterschaft wird mit Aaron eigentlich erst richtig etabliert und herausgestellt. Diese besondere Funktion findet sich noch bis hinauf zu den Qumran-Rollen. Auch im Neuen Testament spielt das eine sehr große Rolle: Da geht es nicht nur, wie vorhin schon angemerkt, um das Lamm Gottes. Nein, im Hebräerbrief, einer wirklich komplizierten Schrift, wird Jesus als der Hohepriester vorgestellt.

Der, wie damals Aaron, eine eigene Weisung bekommen hat.

Dem muss ich natürlich ganz klar widersprechen, und das kann ich auch leicht widerlegen. Denn im Neuen Testament gibt es zwei Stammbäume des Jesus von Nazareth. Einer davon geht Generation für Generation auf Abraham zurück und einer ebenfalls Generation für Generation auf Adam. Beide Stammbäume schließen dann bei Josef von Nazareth ab, der vom Stamme Juda abstammt. Damit stammt er natürlich von der Davidischen Königsdynastie ab, die mit Aaron nicht das Geringste zu tun hat – außer der Eheschließung.

Aber das muss im Neuen Testament nicht unbedingt gemeint sein. Damit ist vielleicht nur das Beispiel des Hohenpriesters gemeint, der eigens hervorgehoben und gerufen wird.

Doch, denn das hat in der israelitischen Tradition bis heute seine Bedeutung. Im Neuen Testament gibt es auch Johannes den Täufer. Seine Eltern hatten Schwierigkeiten, ein Kind zu bekommen. Das ist diese schöne Wundergeschichte mit Zacharias und Elisabeth in En Kerem bei Jerusalem: Das sind prominente Aaroniten, also diensthabende Priester.

In der Geschichte vom Exodus geht es um die Begründung der aaronitischen Priesterschaft, die bis heute fortgeführt wird: Nur innerhalb dieser bestimmten Genealogie finden sich die Priester. Damit wurde damals eine neue Bezugsperson in Israel eingeführt: Der Priester ist jemand, der für die Rituale zuständig ist, der ein bestimmtes Orakel-»Gerät«, also eine bestimmte Tasche, bekommt und dem genau vorgeschrieben wird, wie er sich zu kleiden hat. Das Entscheidende wird dabei aber sofort mit angegeben: Es sind die Söhne des Aaron, die das Amt weitertragen müssen. Auch sie werden in eine bestimmte Position berufen.

Ja, das stimmt, denn die Priesterschaft wird damit zu einer Familientradition – im Gegensatz zu den Propheten und zu allen anderen Ämtertragenden. Hier kommt es auch zu der Tragödie, dass Aaron seine beiden ältesten Söhne verliert: Nadab und Abihu. Beide hätten an sich die beste Schulung gehabt, denn sie waren bei den großen Ereignissen immer mit dabei gewesen. Es wird uns aber erzählt – man hätte das ohne Weiteres wegredigieren können –, dass sie irgendetwas Schlimmes getan hätten. Vielleicht waren sie nur betrunken, aber irgendetwas ist jedenfalls passiert, denn sie kommen bei einem Gottesdienst um. Aaron hat noch zwei andere Söhne. Eleasar ist dann derjenige Sohn, der das Priesteramt erbt und so die Tradition ins Leben rufen kann. Diese Tradition gibt es unter den Juden bis zum heutigen Tag. Im Judentum sind nämlich die Kohanim, also die Priester, tradiert. Alle anderen Stämme sind im Laufe der Jahrhunderte durcheinandergeraten: Man kann heute nicht mehr sagen, man stamme ausschließlich von Juda oder von Levi oder von Simeon ab. Nur die Leviten und die Kohanim sind bis heute tradiert.

Deswegen habe ich vorhin diese islamische Beobachtung so gerne eingeflochten. Auch zu Zeiten von Jesus wird prominent erwähnt, dass die damalige Priesterschaft von 42 besonderen Familien gestellt wurde.

Sind denn diese Vorschriften, die damals gegeben worden sind – sie reichen hinein bis in die genaue Beschreibung aller Rituale und Opferungen –, zusammen mit Israel durch die Geschichte gewandert?

Ja, bis zum Jahr 70, also bis zur Zerstörung des Tempels. Ich will noch einmal sagen: Nicht Gott ist es, der das alles braucht. Es gibt immer wieder bei den Propheten und später bei den Rabbinern wunderbare Debatten darüber: »Hört auf mit den Tieropfern! Der Gott unserer Väter braucht nicht den Duft von geopferten und verbrannten Tieren, die er selbst geschaffen hat.« Nein, es sind die Menschen, die solche Rituale brauchen. Die Gelehrten sagen dann eben immer: »Gut, dann macht das weiter so!« Denn das ist immer noch besser als die Fruchtbarkeitsorgien in der ganzen Umgebung: Da gab es all diese grausamen Rituale, Menschenopfer und Kulte um Moloch, Dagon oder Beelzebub. Aber wie gesagt, alles hört schlagartig auf mit der Zerstörung des Tempels im Jahr 70.

Aaron und Moses ziehen mit den Israeliten in Richtung Gelobtes Land. Beide dürfen es dann aber nicht mehr betreten. Es heißt, Aaron stirbt auf dem Berg Hor. Er stirbt, weil er auch wegen seines Unglaubens, wegen seiner Haltung, das Gelobte Land nicht betreten durfte.

Ich sehe das ein bisschen anders. Ich sehe das gewissermaßen demokratisch. Hierin liegt meines Erachtens wieder eine sehr große Wahrheit: Diese Generation, die noch den Frondienst geleistet hat, die diese Entmenschung im Exil erlebt hat, darf nicht ins Gelobte Land. Ich versuche das immer so zu erklären: Diese Menschen sind nicht imstande, das alles von heute auf morgen zu verkraften. Das ist eine psychologische Frage. Auch die Leute, die 1945 vor den geöffneten Lagertoren standen, sind dann nicht von heute auf morgen Herr Professor Dr. XX geworden. Nein, sie schleppen das bis ans Ende ihrer Tage mit sich herum. Die Täter leben mit ihrer Vergangenheit und die Opfer leben mit ihrer Vergangenheit. Diese Menschen, diese Generation, die in Ägypten dieses »Lager« durchgestanden hat, ist nicht in der Lage, als aufrechte

Menschen ins Gelobte Land zu ziehen, die Pflichten freiwillig auf sich zu nehmen. Sie sind nicht in der Lage, das
Land mit einer neuen Ethik zu besiedeln. Daher kommen
eben auch diese berühmten 40 Jahre der Wanderschaft.
Diese 40 Jahre haben natürlich noch einen ganz prosai-
schen Grund: Es gab damals jede Menge Stammesfehden
ringsherum. Es gab Kämpfe mit den Moabitern, mit den
Ammonitern. Dauernd gibt es Kämpfe, sodass Moses einen längeren Weg ins Gelobte Land wählt: Er geht nämlich ringsherum um die Halbinsel Sinai. Er hat dabei
sicherlich die Absicht, dass während dieser langen Wanderschaft eine neue Generation heranwachsen möge. Ich
finde es dann aber wiederum ganz großartig, dass die
Führungsgestalten keine Extrawurst verlangen, denn alle
drei, Moses, Mirjam und Aaron, sterben zusammen mit
ihrer Generation noch in der Wüste.

Ruth – die fremde Geliebte und Ahnmutter des Messias
(Ruth 1–4)

Ruth nimmt in der Bibel keinen großen Raum ein, ist aber eine bedeutende Person. Das Buch Ruth beginnt mit dem Satz: »Zur Zeit, als die Richter regierten ...« Martin Buber übersetzt den Satz mit »Als die Richter richteten ...«. Was war das für eine Zeit? Die Patriarchen waren offensichtlich nicht mehr im Amt, die Könige gab es noch nicht. Was hatten die Richter für eine Bedeutung?

Die Richter waren die Vorläufer der zukünftigen Ministerpräsidenten, die Vorläufer der Könige. Sie richteten nicht nur über das Volk, sondern führten es im Krieg und im Frieden an. Obwohl das Buch Ruth ganz schmal ist, hatte es damals viele Implikationen und hat sie auch noch heute. Es gibt auf subtile Art in einer märchenhaften Geschichte viele Denkanstöße für die Heilsgeschichte, die soziale Fürsorge und das menschliche Miteinander. Es hat selbstverständlich auch Auswirkungen auf das Christentum. Ruth ist die Urgroßmutter Davids. Deswegen wird uns die Geschichte unter anderem auch erzählt. Sie ist mit ihrem Mann Boas die Mitbegründerin der zukünftigen messianischen Dynastie. Ich halte das Buch auch deswegen für wichtig, da alle großen Wallfahrtsfeste im jüdischen Kalender – Pessach, Schawuot und das Laubhüttenfest– fünf Aspekte haben. Das Buch passt da gut hinein: Es gibt bei allen Feiertagen einen landwirtschaftlichen Aspekt. Die Juden waren ein Volk von Bauern und Hirten. Die Feiertage verschieben sich im Kalenderjahr daher trotz des Mondkalenders nicht wie im Islam, sondern sind immer mit einem bestimmten landwirtschaftlichen Ereignis verbunden. Das Fest von Ruth ist das Pfingstfest, das Fest der Gersten- und Weizenernte. Das spielt eine große Rolle im Hintergrund der Geschichte.

Der zweite Aspekt bei jedem dieser Feste ist die Volkwerdung; besonders große Bedeutung haben Pessach und Pfingsten. Der dritte Aspekt ist die Offenbarung. An diesen Wallfahrtsfesten kam es immer zu einer Offenbarung Gottes. Daraus entstand immer eine Wallfahrt nach Jerusalem. Und zu guter Letzt ist damit immer eine messianische Erwartung verbunden. All das ist wie in einem Prisma in der Ruth-Geschichte enthalten.

Alles wird in kleinen Kapiteln oder Andeutungen berichtet. Die Geschichte führt uns in eine schwierige Situation. Sie beginnt in Bethlehem. Dort gibt es nichts mehr zu essen. Hungersnot herrscht. Ein Mann beschließt, wegzugehen. Welche Position hatte dieser Mann, Elimelech, in Bethlehem?

Elimelech kommt aus einer begüterten, angesehenen und noblen Familie. Später stellt sich heraus, dass er in Bethlehem erheblichen Grundbesitz gehabt haben muss. Er hatte auch eine sehr anständige Frau, Noomi. Sie wird als eine liebenswerte Person geschildert. Die Sache mit der Hungersnot kommt in der Bibel öfter vor, daran sollten wir öfter einmal denken. Die Hungersnöte waren gelegentlich so entsetzlich, dass nicht nur ganze Familien, sondern ganze Stämme Hals über Kopf ihre Heimat verlassen mussten, so wie zu Jakobs Zeiten. Sie mussten in andere Länder ziehen und dort um Essen, um den täglichen Bedarf betteln.

Elimelech und Noomi gehen auf die andere Seite des Jordans. In anderen Zeiten sind die Sippen und Stämme

Israels in andere Gegenden gegangen. Sie gingen immer dorthin, von wo man gehört hatte, dass es dort keine Dürre und daher auch keine Hungersnot gebe. Das erinnert mich ein bisschen an das letzte Jahrhundert, in dem die Juden aus Deutschland dorthin gegangen sind, wo sie angenommen wurden. Man geht dorthin, wo kein Hunger ist.

Elimelech und Noomi gehen in das Land Moab zu den Moabitern ...

Das ist schon sehr signifikant, denn die Moabiter galten als die Erzfeinde der Israeliten – wenn ich diesen unangenehmen Ausdruck verwenden darf. Wir Bibelmenschen haben ein Gedächtnis wie Elefanten, wir vergessen nichts. Es wird zwar alles zunächst nur mündlich überliefert, aber die Erinnerungen sind tief eingeprägt. Als die Kinder Israel damals unter Moses von jenseits des Jordans in das Heilige Land kamen, wollten sie von Moab das Recht erhalten, durchziehen zu dürfen. Moab war das Land jenseits des Jordans. Die Moabiter lehnten das ab, obwohl die Israeliten nur friedlich durchziehen wollten. Ob dem tatsächlich so gewesen ist, weiß ich nicht. Ich war nicht dabei. Jedenfalls schwelt aus dieser Zeit noch eine Wut gegen die Moabiter. Meiner Meinung nach gibt es zudem noch eine gravierende, atavistische Erinnerung, nämlich die Geschichte von Lot und seinen Töchtern: Die Töchter Lots glaubten, das Ende der Welt sei gekommen, es gäbe keine Männer mehr und Lot sei der einzig Übriggebliebene. Sie machten ihn betrunken und verführten ihn in seinem Rausch. Beide Töchter wurden von ihrem Vater schwanger. Die eine gebar Moab und die andere gebar Ammon. Für die Menschen der Bibel war das eine große Sünde. Die Bibel erzählt uns all dies, auch wenn die Vorgänge nicht immer angenehm sind. Diese Unsittlichkeit wird vermutlich bei dem starken Widerwillen gegen die Moabiter unterschwellig auch eine Rolle spielen. Das ist der Hintergrund, weswegen Moab so einen schlechten Ruf hat. Aber schon zu Ruths Zeiten lebte in diesem Gebiet ein Völkergemisch und es gab keine Möglichkeit zu definieren, wer Moabiter war und wer nicht. Sonst hätte Ruth keine solche Liebe und solchen Anklang bei den Israeliten gefunden.

Elimelech kommt mit seiner Frau und seinen Söhnen an und wird schnell aufgenommen. Ansonsten hätten sich seine Söhne dort nicht mit Moabiterinnen verheiraten können.

Genau! Die alte Feindschaft ist zwar in der Theorie noch da, so wie sie zum Beispiel auch zwischen Deutschland und Frankreich über tausend Jahre tradiert wurde, doch inzwischen gibt es seit über hundert Jahren schon viele deutsch-französische Mischehen. So müssen wir das auch mit Moab sehen.

Zunächst begibt sich Elimelechs Familie in ein Gebiet, in dem eine andere Religion ausgeübt wird. Jenseits des Jordans werden mehrere Götter verehrt. Allerdings ist die Übersetzung dieses Satzes umstritten. Ist mit dem einen Gott an dieser Stelle ein anderer Gott gemeint, oder sind es mehrere Götter? Vermutlich sind es mehrere Götter gewesen. Nun geht ein überzeugter, gläubiger Jude her und verheiratet seine Söhne mit ungläubigen Frauen. Wie denn das?

Das kam oft vor. Sie lebten dort und es gab keine anderen Frauen. Da haben wir schon wieder das Motiv von Lot, diesmal auf andere Art. Die Buben mussten doch heiraten! Es ist alles schlecht ausgegangen. Es war eine große

Tragödie, das Ganze war ein Jammer. Der Alte stirbt und die Söhne sterben auch, ohne dass sie schon Kinder gehabt hätten. Das ist für den Orientalen schlimm, denn sein Name geht verloren.

Noomi oder Noemi, je nachdem, wie man sie nennen will, stellt fest, dass sie niemanden mehr hat. Sie fühlt sich von Gott geschlagen, sagt sie. Sie leidet an ihrem schlimmen Schicksal und fühlt sich in Moab fremd. »Mein Mann und meine Söhne sind tot. Was mach' ich nun?« Inzwischen ist bekannt geworden, dass in ihrer Heimat die Hungersnot vorbei ist. Daher beschließt sie, wieder zurückzugehen. Sie macht sich auf den Weg. Ihre Schwiegertöchter begleiten sie zunächst.

Das ist eine wundersame Geschichte. Wahrscheinlich wird sie uns zweier Botschaften wegen erzählt: erstens, um uns die Genealogie des künftigen David-Reiches zu schildern und welch anständige Menschen am Anfang der Familie Davids stehen, auch wenn David nachher in dieser und jener Beziehung sehr locker war. Hier wird uns erzählt, dass er aus einer erstklassigen Familie kommt. Zweitens ist die Geschichte auch im Hinblick auf den Umgang mit Witwen eine Mahnung, so wie es sie in der Bibel x-Mal gibt. Hier haben wir gleich drei Witwen. In diesem Buch ist der Umgang mit Witwen geradezu beispielhaft. Alle benehmen sich ihnen gegenüber wundervoll.

Noomi und ihre Schwiegertöchter gehen los und kommen an einen Scheideweg. Was ereignet sich an diesem Scheideweg? Die Mutter kommt mit ihren beiden Schwiegertöchtern ins Gespräch. Was sagt sie zu ihnen?

Sie sagt: »Wisst ihr was? Das ist kein Zustand! Meinetwegen müsst ihr nicht mitkommen. Für euch ist das

Land der Juden ein fremdes Land. Ruth und Orpa, ihr bleibt daheim in eurem Land. Da gehört ihr hin. Lasst mich allein!«

Orpa ziert sich etwas. Sie ist ein höfliches und gut erzogenes Mädchen. Aber sie bleibt schließlich zu Hause.

Noomi sagt dann einen schönen Satz: »Eigentlich würde ich gerne für euch noch einmal Kinder bekommen, aber ich bin so alt. Selbst wenn ich heute Abend noch einen Mann bekäme, der mit mir Söhne zeugen würde, wäre das für euch viel zu spät. Ihr müsstet dann so lange warten, bis sie groß geworden sind, damit ihr sie heiraten könntet.«

Das ist doch völlig richtig! Diesen Satz verwende ich oft in der Debatte um das Klonen. Stellen Sie sich vor: Man würde Sie klonen. Bis das entstehende Baby groß und Ihnen ähnlich wäre, sind schon wieder 20 Jahre vorbei.

»Also geht doch zurück zu eurem Stamm, zu eurem Volk!« Die eine Schwiegertochter, Orpa, nimmt den Rat der Schwiegermutter an, verabschiedet sich und verschwindet von der Bühne. Dann tritt Ruth auf und hat einen wunderbaren Monolog.

Ruth heißt übrigens auf Moabitisch »die schlichte Gottesdienerin«. Als solche wird sie uns auch vorgestellt. Sie baut zu ihrer Schwiegermutter eine einzigartige Beziehung auf. Ich finde wirklich, dass wir uns das alle zu Herzen nehmen sollten. Sie liebt ihre Schwiegermutter! Das ist eine Seltenheit, denn Schwiegermütter und Schwiegertöchter haben sich in der Regel nicht so innig lieb, damals nicht und heute nicht. Wobei Noomi zugegebenermaßen eine großartige Frau ist. Aber es ist auch eine Botschaft des Respekts und der Güte gegenüber dem Alter. Auch für heute ist das eine Botschaft. In der Bundesrepublik ist die ganze Reklameindustrie auf Jugend, Forschheit und Gesundheit ausgerichtet. Noomi wird als interessante, wertvolle Person dargestellt, obwohl sie alt ist.

Im Buch Ruth fallen immer wieder häufig in der Bibel vorkommende Sätze. Ruth erwidert Noomi: »Ich gehe hin, wo du hingehst. Dein Gott ist mein Gott.« Heißt das nicht, dass schon im Vorfeld ein Übergang von der heidnischen Götterwelt in den israelitischen Glauben stattgefunden hat? Sie bekennt sich doch nun zu diesem Gott.

Ja, das ist ein Bekenntnis. Aber damals gab es noch keine Übertritte im heutigen Sinn. Der monotheistische Glaube ist ein Lebensweg, er ist noch keine Religion. Deswegen sprechen die Propheten immer wieder drastisch von der Gefahr des »Abhurens« von diesem Lebensweg. Wenn Gott und Israel ein Ehepaar sind, dann schimpft der Mann gelegentlich, dass die Frau untreu ist. Aber es gibt noch keine Konversion. Wenn Ruth sagt: »Ich bekenne mich zu deinem Gott!«, ist das der erste Ansatz für das, was wir heute Konversion nennen würden.

Kann man daraus schließen, dass es in dieser Familie aus Moab schon die Präsenz des einen Gottes gegeben hat?

Das ist nicht gesagt. Mir ist sogar aufgefallen, dass Ruth diesen Schritt für ihren Mann scheinbar nicht getan hat. Sie war mit einem Israeliten verheiratet. Für ihn ist sie scheinbar nicht so weit gegangen, denn erst jetzt legt sie dieses dramatische Bekenntnis ab. Es gibt solche Fälle. Vielleicht hatte der Sohn keinen so hohen Wert für sie wie seine Mutter.

Vielleicht war ihre Schwiegermutter für sie auch ein wichtiges Beispiel, sodass sie sich wegen ihrer Liebe, wegen ihrer Wertschätzung dieser Person gesagt hat: »Wenn ich jetzt zurückgehe, verliere ich etwas in meinem Leben, was ich nicht mehr verlieren möchte.«

So sehe ich das auch. Dieses kleine Buch gehört zu den Schriften, die in der Synagoge offiziell zum Pfingstfest vorgelesen werden. Auch Konversionen zum Judentum werden gerne am Pfingstfest vollzogen. Die ganze Geschichte der Ruth wird mehr oder weniger auf das Fest der Ernte datiert, soweit das möglich ist. Sie sammelt etwas auf dem Feld. Somit kann man datieren, wann das Ganze passiert ist. Wir reden von dem Zeitraum zwischen der Gersten- und der Weizenernte im Land Israel. Die Ernte dort findet zu anderen Zeiten statt als in Europa. Daher ist der Zeitraum um Schawuot und das Pfingstfest die Zeit für die Ruth-Geschichte. Noomi hat recht, wenn sie sie nochmals mahnt, die Last der Auswanderung nicht auf sich zu nehmen. Doch Ruth besteht darauf.

Sie geht einfach mit. Die Schwiegermutter akzeptiert, dass sie mitkommen will. Sie verabschieden sich von der anderen Schwiegertochter Orpa, die zu ihrem Volk zurückkehrt, und die beiden gehen zusammen nach Bethlehem, dieser seltsamen Stadt, die eine ungeheure Bedeutung in der Bibel hat. Die beiden kommen nun dort hin, und es wird ihnen geradezu ein Empfang bereitet. Die ganze Stadt gerät in Aufregung. Warum denn das?

Das spricht sich doch herum! Ich kann mir das gut vorstellen. Das ist wie hierzulande in einem kleinen Dorf. Letztendlich waren das damals nur größere Dörfer und keine Städte, so wie wir sie uns heute vorstellen. Da spricht sich das natürlich herum:»Ah, die Noomi ist wieder da!« Sie kannten sie noch aus ihrer Jugendzeit, da sie aus einer guten Familie stammte. In diesen Dörfern – noch einmal: das waren keine Städte – kannte jeder jeden, und da war es eine Sensation. Im dörflichen Einerlei, im Alltagsleben ist das etwas Besonderes, das sich wie ein Lauffeuer verbreitet. »Die Noomi ist wieder da! Hast du es schon gehört? Die Noomi ist wieder da! Und sie hat eine junge Frau dabei.«

Vom Schicksal derjenigen, die da geblieben waren, wird uns nichts erzählt, von denjenigen, die möglicherweise furchtbar gehungert haben.

Vermutlich wird uns darüber nichts berichtet, da für die Menschen in der Zeit der Bibelgeschichten der Hunger fast schon der Normalfall war. Für sie war das nicht so aufregend, wie es das für uns ist. Diejenigen, die nicht fort konnten, sind dageblieben, wie die Alten und Kranken. Sie konnten nicht fliehen und haben überlebt oder nicht. Das Leben geht weiter, will uns die Geschichte erzählen. Aber nun sitzen Noomi und Ruth da und sind bitterarm.

Das ist nicht ganz begreifbar. Warum sollen sie nun bitterarm sein? Die Grundstücke sind doch noch da gewesen.

Ich könnte mir vorstellen, dass die Grundstücke konfisziert wurden, nachdem sie weggegangen waren. Auf jeden Fall sind Noomi und Ruth im Augenblick ausgesprochen arm! Aber es müssen auch Rechtsfragen überlegt werden – sehr archaische Rechtsfragen.

Darüber wird später noch die Rede sein, wenn wir zu Boas kommen. Vorher schickt Noomi, diese starke Frau, ihre Schwiegertochter zum Ähreneinsammeln, zur Nachlese: »Du musst hinausgehen, sonst haben wir nichts zu essen.«

Wir sollten betonen, dass wir aus den fünf Büchern Moses wissen, dass das keine Schande ist. Heute würde man das als anrüchig empfinden, aber wichtig ist, dass das in der Thora behandelt wird. Zum Beispiel die Feld-Ecken: Jeder Bauer musste von der Thora her die vier Ecken seines Feldes oder seiner Felder für solche Armutsfälle stehen lassen. Es ist somit keine Schande, wenn das jemand in Anspruch nimmt. Er musste gar nicht nachweisen, dass er bedürftig war. Es gibt auch noch weitere Verordnungen wie das so genannte »Vergessene«: Wenn ein Bauer bei der Ernte ein Stück des Feldes vergessen hatte, dann durfte er nachher nicht mehr zurück, sondern musste es den Armen überlassen. Das war für solche Fälle vorgesehen, wie wir ihn vor uns haben, und man kann das in den fünf Büchern Moses nachlesen. Dieser Fall war besonders gravierend, da Ruth als scheinbar gut aussehende Frau auch der Anmache der Knechte ausgesetzt war. Denn zunächst war nicht ersichtlich, wie vornehm sie war und dass sie aus einer guten Familie stammte. Der Besitzer des Feldes, Boas, warnt sie später auch: »Pass auf, dass dich die Knechte nicht anmachen!« Alle sorgen sich um sie.

Zunächst einmal wird sie auf eines der Felder hinausgeschickt.

Sie gilt als Magd, als einfache, arme Frau, die diese für die Armen vorgesehenen Reste einsammeln darf – ein für die Armen in solchen Fällen und solchen Zeiten üblicher Vorgang. Ruth begibt sich dabei in die Gefahr, dass die Knechte glauben, hier käme eine für sie interessante neue Magd, noch dazu eine Moabiterin, eine Fremde. Deswegen sorgen sich sowohl Noomi als auch Boas, der schon im Hintergrund auftritt.

Boas lernt sie zunächst noch nicht kennen. Ruth geht auf das Feld hinaus und fängt dort zu lesen an.

Aber als Frau spüre ich da ein gewisses Getuschel um Boas, von Anfang an. Sie tastet sich ganz langsam, leise und unauffällig an ihn heran. Ich hätte das genauso gemacht.

Ja, das klingt zwischen den Zeilen so durch. Wir müssen noch erzählen, wer dieser Boas ist. Er ist ein entfernter, aber sehr wohlhabender Verwandter der Familie.

Wahrscheinlich ist er der wohlhabendste Mann im damaligen Bethlehem. Boas ist derjenige, der im Stadttor sitzt. Das steht im Sprüchebuch des Alten Testaments und ist ein feststehender Begriff: der Mann, der im Stadttor sitzt. Er wird von jeder Frau angehimmelt. Er ist in jeder Beziehung von einer bedeutenden Statur.

Ruth ist sehr fleißig. Sie sammelt und sammelt für sich und ihre Schwiegermutter Noomi. Sie bringt auch einiges mit nach Hause und geht immer wieder hinaus, während der gesamten Erntezeit. Sie fällt plötzlich auf, sie scheint schon den jungen Leuten auf dem Feld aufgefallen zu sein – zunächst den Knechten, dann aber auch dem Grundherrn. Es kommt zu einer seltsamen Begegnung …

Sie steuert darauf hin! Das ist gar keine Frage, das kann man gar nicht anders lesen. Sie steuert auf diesen Mann zu. Das ist normal, schön und leise mit zarten Tönen geschildert. Das Interessante ist, dass Noomi das unterstützt.

Interessant ist auch, dass Boas auf sein Feld kommt, um nachzuschauen. Dort wird jeden Tag geerntet. Er sieht die junge Frau und fragt den Oberaufseher: »Wer ist denn das? Woher kommt die denn?« Sie scheint ihm sofort aufgefallen zu sein.

Entweder sie ist ihm aufgefallen oder er wird auf sie aufmerksam, weil die Knechte mit ihr herumtechteln und eine gewisse Unruhe bei der Arbeit auf dem Feld herrscht. Er hört, wer Ruth ist. Der Witz – oder das Pech – dabei ist aber, dass er nicht der am nächsten Verwandte in der Familie ist.

Aber er verhält sich zu diesem Ährenlesen in einer besonderen Form. Ruth wird schon fast in die Familie aufgenommen. Sie darf etwas tun, was andere Ährenleserinnen nicht tun dürfen. Er weist seine Mägde an: »Zupft doch etwas aus und legt es ihr hin. Die darf mehr mitnehmen als ihr.«

Nun gut, er kennt Noomi und er weiß, zu wem Ruth gehört. Außerdem fällt ihm wohl auf, dass Ruth ein anständiger Mensch ist. Beides! Außerdem befiehlt er: »Lasst sie in Ruhe! Finger weg! Rührt sie mir nicht an!« Es gibt allerdings noch einen näher Verwandten. Damit lernen wir die Fürsorge in Form des Levirats kennen, der Verpflichtung, dass ein Bruder oder ein naher Verwandter des verstorbenen Ehemanns die Witwe heiraten soll. Der Mann, dem diese Verpflichtung obliegt, wird im biblischen Text »Löser« genannt. Der Mann Ruths ist gestorben, und sie steht ohne männlichen Schutz in der Welt.

Die Schwiegertochter kommt mit immer mehr Korn nach Hause. Irgendwann nimmt Noomi sie zur Seite und sagt: »Pass mal auf! Ich habe einen Plan.« Und das ist ein ganz raffinierter Plan, den die Alte ausgeheckt hat. Sie lässt sich erzählen, was auf dem Feld alles geschehen ist, und erzählt dann ihrer Schwiegertochter, dass Boas ein entfernter Verwandter ist und dass er verkuppelt werden soll. Auch das ist sehr schön formuliert. Was empfiehlt sie ihrer Schwiegertochter?

Ruth kann als Moabiterin die Sitten und Bräuche der Israeliten gar nicht kennen. Sie ist in diesem Land ohne die Raffinesse Noomis verloren, denn sie kennt die komplizierten Leviratsbestimmungen nicht. Noomi baut das Ganze langsam auf. Doch sowohl Noomi als auch Boas wissen, dass eigentlich noch ein anderer Verwandter da ist, der mit der Familie des Elimelech und seinen beiden Söhnen näher verwandt ist als Boas.

Aber das spielt erst später eine Rolle. Zuerst muss ein nächtlicher Plan verwirklicht werden. Der Rat der Schwiegermutter lautet: »Schau mal her! Ich weiß, dass ein Fest gefeiert wird. Die Ernte ist fast beendet. Da wird gegessen und getrunken.« Und sie rät ihr etwas ganz Besonderes …

… die Verführung! Ja, das ist ganz raffiniert! Die Ernte ist trocken und sicher in die Scheune eingebracht. Das ist doch für jeden Bauern der Höhepunkt des Jahres, denn die Ernte kann nass werden und faulen, es kann hageln. Auch in Israel kann so etwas geschehen. Hier ist aber alles gutgegangen. Es wird so schön geschildert, wie Boas aufatmet – wie auch hierzulande jeder Bauer. Für ihn ist es ein großer Tag. Er bestellt das Haus und geht beruhigt in der Tenne auf dem Feld schlafen. Er ist mit seinen Angestellten solidarisch. Auch das ist ein Motiv, er muss ein feiner Kerl gewesen sein. Er ging nicht irgendwo vornehm schlafen, sondern begibt sich zur Gemeinschaft der Erntenden. Er legt sich in der Tenne schlafen. Noomi bereitete Ruth darauf vor und gab ihr Parfüm und schöne Stoffe.

Sie sagt: »Wasche dich! Parfümiere dich! Richte dich her, heute Nacht wird etwas geschehen.« Was soll Ruth nach dem Rat ihrer Schwiegermutter in dieser Nacht tun?

Sie soll sich zu seinen Füßen legen. Das ist eine zarte Umschreibung dafür, dass sie mit ihm ein Techtelmechtel anfangen soll. Das ist unglaublich, das empfiehlt ihr die Schwiegermutter! Noomi gibt ihr Parfüm, gibt ihr schöne Schals und Stoffe. »Mach dich schön! Wasch dich! Sei sauber!« Sie ist doch bei den Temperaturen im August in Israel schmutzig und verschwitzt. Und die Sache klappt. Die Bibel geniert sich nicht und schildert uns das: Boas zuckt in der Nacht zusammen und wacht auf.

Boas schläft unschuldig hinter einem Heuberg. Er ist todmüde, ist sofort eingeschlafen. Sie kommt und legt sich zu seinen Füßen. Sie hebt die Decke unten an, legt sich hin und stellt sich zur Verfügung.

Ja! Und drei Pünktchen: Punkt, Punkt, Punkt! Eine ganz raffinierte Geschichte. Und dann sehe ich da die Vornehmheit von Boas. Mancher andere Mann hätte die Situation ganz einfach ausgenutzt und hätte zugegriffen. Aber Boas erschrickt furchtbar. Um Mitternacht schaut er hinunter und sieht, dass da eine junge Frau liegt. Er denkt sich: »Aha, da will jemand mich zwingen, sie zu heiraten.« Er sagt dann: »Psst, lass dich nicht sehen! Geh leise weg! Fall nicht auf!« Sonst muss er sie heiraten, ob er will oder nicht, wenn sie miteinander gesehen werden. Das bedenkt er alles, er ist ein erfahrener Mann.

Vermutlich ist es halbdunkel oder sogar ganz dunkel. Er fragt sie: »Wer bist du denn?« Und sie antwortet: »Ich bin deine Magd.«

Das ist eine rhetorische Frage. Er hat genau gewusst, wer sie ist. Er muss sich aber an die Regeln halten, und so spielen beide ihre Rolle. Doch es ist ein Zeichen von ihm, dass es nun losgeht, dass es ernst wird. Bis jetzt war es nur eine Spielerei. Sie hat sich die Feld-Ecken geben lassen und er hat ein bisschen für sie gesorgt. Davon ist er nicht arm geworden. Aber von dem Moment an wird die Sache ernst. Das sind Zeichen! Es geht los! Am nächsten Tag schreitet er dann ein.

Aber in diesem Moment sagt er zu ihr: »Komm, wir machen jetzt keinen Auflauf. Du verschwindest wieder, solange es Nacht ist. Nimm dein Tuch und halte es auf. Ich schütte dir dann großzügig einen Teil der Ernte hinein.«

Ja, er ist immer großzügig. Er weiß schon, was los ist, und lässt sie nicht hungern und darben. Wir spüren direkt, dass es zwischen den beiden gefunkt hat. Das geschieht in diesem Moment in der Tenne.

Sie kommt heim und berichtet ihrer Schwiegermutter, was vorgefallen ist. Hat die Schwiegermutter eigentlich etwas anderes erwartet?

Nun, ganz sicher war Noomi wohl nicht. Es war schon ein riskantes Spiel, denn da war ja noch immer der näher Verwandte des verstorbenen Ehemanns der Ruth. Noomi hat nachgeholfen. Boas hatte schon längst merken müssen, was da gespielt wird. Aber er war stur! Ein bisschen behäbig. Vielleicht war er schon älter.

Wie bereits erwähnt, geht es ihm um Folgendes: Boas weiß, dass er nach den Leviratsregeln nicht an erster Stelle steht. Was ist das für eine Regel in Israel gewesen, nach der Verwandte für Gestorbene eintreten müssen?

Ich sehe es als eine sehr soziale Maßnahme. Es gibt in einer primitiven Gesellschaft nichts Schrecklicheres und Einsameres als das Leben einer Witwe. Eine Witwe war vogelfrei. Die Männer starben durch Krieg und Krankheiten häufig weg. Und wer kümmerte sich um die Witwen? Kein Mensch! Aber es gab das System, das für die soziale Absicherung der Witwen sorgte. Der nächste Verwandte durfte diese Frau nicht vogelfrei lassen. Der hebräische Begriff für diesen Verwandten ist »Goel«, in den deutschen Bibelübersetzungen steht dafür »Löser«. Die Polygamie war zu dieser Zeit im Notfall noch erlaubt.

Die Männer werden also von der ganzen Sippe, vom Stamm in die Pflicht genommen.

Jawohl! Aus sozialen Gründen. So wie wir heute in Europa die Ehe als kleinste Zelle der sozialen Absicherung betrachten, auch wenn Deutschland weitgehend eine Single-Gesellschaft ist. Aber in Südeuropa ist heute noch die Ehe der soziale Kern der Gesellschaft, die kleinste Zelle. So funktioniert auch im alten Israel dieses System. Sonst hätte es dort eine Unmenge von Witwen gegeben, die ganz alleine auf sich gestellt gewesen wären, denn Kriege gab es genug, in denen die Männer umgekommen sind. Die Leviratsehe ist also eine wundervolle Einrichtung, obwohl man sich heute gelegentlich an den Kopf fasst und nicht versteht, dass ein Mann eine Frau quasi heiraten muss. Aber damals war es so.

Noomi wusste, dass Boas gar nicht an der Reihe war. Trotzdem hat sie alles so eingefädelt.

Sie wollte Boas von Anfang an. Er war die bessere Partie. Noomi war sehr schlau und wusste, dass der erste Löser, der an der Reihe war, ein armer Mann war. Der hat gesagt: »Ich bin überfordert. Ruth ist schön und gut und sie gefällt mir auch sehr, aber ich kann es mir nicht erlauben, sie zu heiraten.« Denn er hätte dann auch das Feld mit auslösen müssen, das von dem verstorbenen Mann der Ruth noch vorhanden war. Für Boas waren das Peanuts.

Aber Boas verhält sich sehr korrekt. Die Nacht, die er für sich hätte nutzen können, geht vorbei. Ruth ist zu Hause bei der Schwiegermutter, und dort warten die beiden ab, was jetzt geschieht.

Jetzt wird Boas aktiv. Im Dorf, am Stadttor, in Bayern hätte man gesagt am Maibaum neben der Linde, entsteht ein wahrer Auflauf. Boas ist fast so etwas wie ein Richter, vielleicht ein Ortsältester. Er ist akzeptiert. Er ist der Notable des Dorfes, so wie man sie noch heute in arabischen Dörfern findet. Die Prozedur nimmt ihren Lauf. Der ärmere Vetter sagt: »Ich muss passen. Die Ruth ist honorig und schön, aber ...«

Boas geht zum Tor, dort kommt Goel, der Löser, also der eigentlich zur Heirat Verpflichtete, vorbei. Boas ruft ihn zu sich: »Wir müssen etwas miteinander besprechen. Du weißt, dass du eigentlich an der Reihe wärst.« Zunächst geht es nur um

die Felder des verstorbenen Mannes der Ruth. Sie sind also
nicht endgültig konfisziert worden, es gibt sie noch irgendwo.
Nun müssen sie offiziell überschrieben werden. Darum geht
es. »Goel, wenn du es richtig anstellst, dann kannst du nun in
den Besitz dieser Felder kommen.«

Und der sagt: »Das kann ich mir nicht leisten.« Das ist so vorgesehen. Wenn er sagt, dass er sich das nicht leisten kann, dann zwingt man ihn auch nicht dazu. Er müsste für die Felder bezahlen und sie dann auch bearbeiten. Vielleicht war er schon zu alt, vielleicht war er tatsächlich zu arm. Aber er sagt deutlich: »Das übersteigt meine Kräfte!« So ist es auch vom Gesetz her vorgesehen, niemand wird gezwungen. Er kann Nein sagen, und dann ist der Nächste dran.

Dann kommt es zu dieser merkwürdigen Zeremonie mit dem Schuh. Das ist wie ein Dokument. Heute würde man sagen: »Bitte unterschreib hier, dass man es dir angeboten hat, und wir legen das Dokument dann im Archiv ab.« Es gab damals aber noch keine Dokumente und Stadtarchivare.

Alle sitzen um die beiden herum, alle haben zugehört. Im
Grunde genommen findet ein öffentliches Notariat statt.

Jawohl, das soll es auch sein. Der sich weigernde Goel wird sozusagen blamiert, weil er zu arm ist. Für einen Orientalen ist das etwas Schlimmes. Das wird mit dem Ausziehen des Schuhs ausgedrückt. Die ganze Geschichte läuft aber sehr legitim und sehr honorig: Ruth und Boas waren so entfernte Verwandte, dass sie heiraten durften, also nicht so nah, dass irgendetwas verboten war. Im Hintergrund steht unsere Noomi und zieht sämtliche Fäden. Nun ist das geregelt und der arme Vetter ausgeschaltet. Ruth kommt mir sehr naiv und unschuldig vor. Sie hat aber ein großes Vertrauen.

Ruth ist sich sicher, dass es Noomi schon recht machen wird. Warum auch nicht?

Ich werde Ihnen sagen, warum nicht: Erstens war die Beziehung zwischen Schwiegermutter und Schwiegertochter, so wie heute auch, schon damals eine spannungsgeladene Beziehung. Dass sich Ruth und Noomi so gut verstehen, war nicht die Regel, sondern eine ganz große Ausnahme. Wahrscheinlich waren beide gute Charaktere. Sie hatten beide im Leben viel gelitten. Sie sind in dieser Beziehung Ausnahmegestalten. Wir lesen das ständig in der Bibel: Frauen behandeln sich gegenseitig selten gut, obwohl wir das erwarten – die berühmte Mütterlichkeit, die Weichheit.

Zwischen den Zeilen kann man herauslesen, dass Boas ein schon etwas älterer Mann gewesen sein muss.

Ja, diesen Eindruck habe ich deutlich, auch wenn es nicht ausdrücklich in der Bibel erwähnt wird. Er ist vermögend, er ist etwas behäbig und er ist nicht so schnell verführbar. Es braucht alles ein bisschen mehr Einsatz. Was Boas' Familie betrifft, so wissen wir, dass sie sehr geachtet war. Bethlehem war keine so große Stadt. Wenn Boas im Stadttor sitzt und das Sagen hat, dann darf man davon ausgehen, dass er angesehen ist.

Das schon, aber von seinen möglichen anderen Frauen und seinen vielen Kindern ist überhaupt keine Rede. In der Erzählung geht es ausschließlich um ihn und Ruth, was das andere nicht ausschließt.

Man muss daraus folgern, dass uns in der Retrospektive erzählt wird, wie Ruth zu Boas geführt wurde. Deshalb kommt Ruth auch im Stammbaum von Jesus vor. Zu den vier Frauen, die im Stammbaum Jesu vorkommen, gehört die Hure Rahab. Ich will niemanden erschrecken, aber die Hure Rahab spielt eine große Rolle in der Volkwerdung Israels. Ohne sie hätte Josua damals nicht Jericho erobern können. Nach der mündlichen jüdischen Tradition hat Josua sich in Rahab verliebt und sie später dann im Frieden auch geheiratet. Rahab ist die erste Frau, die im Stammbaum Jesu erwähnt wird. Dann wird Tamar erwähnt, die auch quasi eine Hure ist. Sie verführt ihren Schwiegervater Juda, weil sie zu ihrem Recht kommen will – tapfer! Dann haben wir Ruth, bei der die ganze Geschichte ein bisschen schlüpfrig ist: die Verführung in der Nacht und dass Boas mit sanfter Gewalt dort hineingezogen wird. Dann kommt Batseba. Das sind die vier Frauen im Stammbaum Jesu.

Boas heiratet Ruth, er wohnt ihr bei und sie bekommt einen Sohn.

Es wird noch sehr schön geschrieben: »Und Gott schenkte ihr eine Schwangerschaft.« Ich weiß nicht, wie groß das diesbezügliche Wissen zu jener Zeit bei den Menschen war, aber das ist eine schöne Beschreibung. So wie ihrerseits Eva aufgejubelt hat, als sie ihr erstes Kind, den Kain, auf die Welt brachte. Sie ruft dort so schön vielsagend aus: »Ich habe mit Gott einen Mann erworben.« Sie und Gott sind die Partner bei der Geburt dieses Kindes. Eva weiß den Zusammenhang gar nicht. Aber zu Ruths Zeiten kannte man den Zusammenhang wohl schon. Trotzdem erachtet sie eine Schwangerschaft als ein Geschenk Gottes.

Damit ist die Moabiterin in die Tradition Israels und Judas hineingetreten.

Ja, sie ist völlig akzeptiert, und es ist vergessen, dass sie aus dem »urfeindlichen« Volk von Moab kommt. Das ist die eigentlich bedeutende Botschaft: »Das haben wir vergessen, das haben wir akzeptiert.« Ruth wird zu einer der Stammmütter der Israeliten, und die Botschaft lautet: Es kommt auf dich als einzelnen Menschen an, ob Mann oder Frau, ist egal. Es kommt darauf an, wie du dich benimmst. Es wird dir nicht anhaften, dass du von einem so bösen, belasteten Volk kommst.

Das Kind wird geboren, und dann wird eine der großen Lobpreisungen angestimmt. Die anderen Frauen empfangen das Kind geradezu. Was sagen sie dabei?

Sie sagen zu Noomi: »Siehst du, jetzt hast du auch noch etwas Gutes erlebt.« Wenn es möglich wäre, würden sie Noomi das Kind am liebsten zur Adoption in den Schoß legen. Dadurch würde Noomi in die junge Familie integriert, denn im Grunde genommen ist Noomi nun der arme Außenseiter.

Man könnte den Vorgang natürlich auch anders deuten und sagen, dass das Kind nun in den Schoß der jüdischen Mutter zurückgegeben wird. Auch wenn Ruth inzwischen fest integriert sein mag, würde Noomi dadurch eine weitere Bedeutung bekommen. Das Kind wird ihr auf den Schoß gelegt, so wie es auch schon bei Sarah geschieht und immer dann, wenn Kinder der Mägde adoptiert werden. Ein bekannter Vorgang.

Vielleicht haben Sie recht. Das neugeborene Kind wird damit in die Genealogie, in die Familie des Elimelech, des verstorbenen Mannes von Noomi, aufgenommen. Das wäre möglich. Da wir annehmen dürfen, dass Ruth später noch mehrere Kinder bekommen hat, ist dieses eine Kind vermutlich von Noomi großgezogen worden, was wiederum Implikationen hat. Denn das war das wichtigste Kind.

Gehen wir noch einmal zurück zur Lobpreisung durch die Frauen, die Noomi das Kind in den Schoß legen. Mit dieser Lobpreisung wird etwas über das Kind im Rahmen der Heilsgeschichte ausgesagt.

Gott hat sich ihrer erbarmt, Gott hat sie wieder angenommen. Wenn Gott so eine Hungersnot gebracht hat und Noomi so zu leiden hatte, dann gibt es immer Menschen, die davon ausgehen, dass das verdient ist, dass es eine berechtigte Strafe ist.

Sie sagt einmal: »Gott hat mich gestraft. Nennt mich Mara, die Leidende, nicht mehr Noomi.«

Diesen Zweifel will die Schrift mit diesen Worten ausgleichen. Im ganzen Buch Ruth ist keine Rede von einer Strafe Gottes. So darf man nicht denken. Auch wenn die Menschen damals und heute gelegentlich so denken, als würde jede Krankheit, jede Hungersnot, jede erzwungene Wanderung oder die Verbannung für irgendetwas eine Strafe sein. Nein, hier wird erzählt, dass es anständige Menschen sind und dass nichts davon eine Strafe für irgendetwas ist. Dieses Kind ist einfach ein Segen Gottes. Gott hat es ihnen gegeben, weil er seine Pläne für die Heilsgeschichte hat.

Das Buch Ruth schließt mit dem Hinweis auf die Zukunft. So wird festgelegt, dass das Dörfchen Bethlehem den König hervorbringen wird. Wir sind am Anfang von Davids Stammbaum.

Der soeben geborene kleine Obed wird später ein sehr wichtiger Mann. Er ist der Sohn von Ruth und Boas und wird der Vater Isais, der wiederum der Vater Davids wird. Das ist die Genealogie Davids. Wobei die Wurzeln Bethlehems bei Jakob und Rachel liegen.

Bethlehem und das Buch Ruth haben in der biblischen Heilsgeschichte also eine sehr große Bedeutung

Absalom – Aufstand gegen Vater David
(2. Samuel 15–18)

Uns erwartet eine Kriminalstory. Sie beginnt mit einer Schändung, dann kommt ein Brudermord, ein versuchter Vatermord, und dazwischen erleben wir eine Reihe von Intrigen. Mit Absalom erwartet uns ein Schlachtfeld, wie man beinahe sagen kann. Woher stammt Absalom?

Absalom ist einer der Söhne Davids, der Dritte in der Rangfolge, und ein sehr schöner Mann. Die Bibel erzählt das ausführlich. Er muss wirklich wunderbare Haare gehabt haben. Manchmal denke ich an ihn, wenn ich heute Männer mit nach hinten gebundenen Haaren sehe. Zum Schluss stirbt er allerdings auch wegen seiner Haare, denn er bleibt bekanntlich – das ist in der Kunst das wesentliche Motiv in seinem Zusammenhang – mit diesen schönen Haaren an einem Baum hängen. Absalom hat große Auseinandersetzungen mit seinen Geschwistern, denn er selbst hat große Ambitionen: Es geht nämlich um das Erbe des Vaters.

Absalom stammt aus Geschur. Das heißt, sein Vater David hat im Zuge der Polygamie, die damals üblich war, und der politischen Hochzeiten, wie man ebenfalls hinzufügen muss, eine Königstochter aus Geschur geheiratet. Geschur ist ein Ort etwas östlich vom See Genezareth. Zu welchem Stamm gehörte denn damals diese Gegend?

Das ist das Gebiet, das wir heute Transjordanien nennen – in der Bibel ist es das Ostjordanland. Es war eine Gegend, in der die Israeliten eben auch ansässig waren. Ganze drei Stämme lebten dort: Ruben, Gad und vor allem auch Manasse und damit die Mehrzahl der Nachfahren des alten biblischen Josef von Ägypten. Dieser ganze Ostteil gehörte mit zu diesem Konflikt und der ganzen Geschichte, die sich hier abspielt. David hat in der Tat mehrere Frauen geheiratet, dies auch aus dynastischen Gründen. Die Heirat mit der Prinzessin aus Geschur war allerdings schon damals umstritten, und bei seinem Sohn Salomon wird so etwas dann noch mehr umstritten sein.

Diese Frau war keine Israelitin.

Ja, sie war Maacha, die Tochter des dortigen Königs. Es hat allerdings damals mehrere solcher Fälle gegeben. Ihr Vater war wohl einer der so genannten Kleinkönige. Auch heute spricht man ja in Bezug auf Afrika oft von einem König. In Wirklichkeit ist das oft nichts anderes als ein Stammeshäuptling. Der König von Geschur war nichts anderes als ein Vasall von David. Absalom ist am Königshof zusammen mit den anderen Kindern von David aufgewachsen. David hatte mindestens noch eine weitere Frau, die nicht aus Israel stammte, nämlich Ahinoam. Das war damals noch so üblich, deshalb wäre es nicht korrekt, diesen Sohn wie in späteren talmudischen Zeiten nur als Halbisraeliten zu bezeichnen. Das ist eigentlich wie im Katholischen auch: Der Katholik von heute lebt auch nicht streng und strikt nach dem Evangelium. Nein, er hat seine eigene Tradition und er hat seinen CIC, seinen Codex juris Canonici. Wo wäre er ohne diesen Codex?

Zum Konflikt kommt es erstmals, als Absaloms Halbbruder Amnon ihre gemeinsame Schwester Tamar vergewaltigt. Damit tritt Absalom handelnd in die Geschichte ein.

Das ist eine ziemlich komplizierte Geschichte, bei der ich denke, dass man ihren Vater, nämlich König David – Majestät möge das entschuldigen –, nicht ganz frei von Schuld sprechen kann. Er hat nämlich nicht rechtzeitig genug seine Nachfolge geordnet.

Er hat nicht nur seine Nachfolgeregelung vernachlässigt, sondern er erscheint in dieser Geschichte rund um den Absalom als ein ziemlich schwacher König, als einer, der nicht einmal die Schändung seiner Tochter Tamar gegenüber Amnon kritisiert.

Diese Sache ist kompliziert genug. Seine Söhne sind sich spinnefeind. Und David regelt einfach nicht, wer sein Nachfolger werden soll. Denn man kann nicht sagen, dass das automatisch der Erstgeborene werden wird. David hätte autonom bestimmen können, dass es dieser oder jener wird. Vielleicht wollte er aber mit seiner uneindeutigen Haltung seine Söhne an der kurzen Leine halten. Ich will das kurz einstreuen, denn Amnon und Tamar sind in die Weltgeschichte eingegangen als Liebespaar; ich glaube hingegen nicht, dass sie ein Liebespaar waren, denn Amnon missbraucht sie wirklich. Die Geschichte beginnt damit, dass Amnon seinen Vater, also David, kommen lässt und dabei so tut, als würde er im Sterben liegen. Er hätte nur noch einen einzigen Wunsch: es solle doch bitte seine Halbschwester Tamar kommen, um ihm seine kurze, noch verbleibende Lebenszeit zu versüßen. Sie solle ihm etwas zu essen kochen. David war ein Kriegsherr und ein Politiker von unerreichtem Rang, aber auf diesem Gebiet scheint er wohl eine schwache Seite gehabt zu haben: Er lässt Tamar zu Amnon kommen. Und dann passiert das eben. Die Bibel erzählt uns das Ganze wie einen Tatort-Krimi: wie das

Ganze vor sich geht, wie er sie beleidigt. Er beleidigt dieses Mädchen ja doppelt, denn nachdem er seine schändliche Tat vollbracht hat, sagt er zu ihr: »Das hat sich gar nicht gelohnt!« und wirft sie hinaus. Die Bibel sagt an dieser Stelle: »Er hasste sie nachher in dem Maße, wie er sie vorher geliebt hatte.«

Tamar muss hinterher bei Absalom, ihrem Bruder, in dessen Haus unterkommen.

Ja, das ist die Aufgabe des Bruders bis heute im ganzen Orient. Wenn so etwas passiert, und so etwas passiert heute noch jeden Tag tausend Mal, nur wissen wir das nicht immer, muss der Bruder so reagieren. Das ist doch die Größe der Bibel: Sie bräuchte uns doch nur das Schöne zu erzählen. Der Redakteur hätte das alles auch weglassen können. Aber in dieser Geschichte wird – wie sonst auch in der Bibel – nichts geschönt oder zensiert. Alles wird in der tatsächlichen Grausamkeit erzählt. Das genau macht die Bibel für mich so glaubwürdig.

Tamar verbringt einige Zeit bei ihrem Bruder Absalom.

Ja, ihr leiblicher Bruder Absalom nimmt sie zu sich. Er ist über diese Geschichte natürlich ziemlich verstimmt: Er grollt richtig und schwört Rache! Es beginnt eine Geschichte der Ehrenrache, denn es geht um die Ehre seiner Schwester. Das ist so wie heute noch im Orient.

Das könnte man so sehen. Es könnte aber auch noch etwas anderes dahinterstecken.

Ich meine auch, dass mit dieser Frage der Ehre noch etwas anderes kombiniert sein könnte. Dass das eine Frage der Ehre ist, ist natürlich gar keine Frage, denn man muss sich nur einmal ansehen, wie sich so etwas heute noch im Arabischen und weiter östlich abspielen würde, wenn einer äußerst prominenten Tochter auf diese Weise mitgespielt werden würde. Nun, es spielt aber noch eine andere Komponente eine Rolle, nämlich die Frage der Thronfolge.

Natürlich. Das heißt, das Ganze könnte sogar ein Vorwand gewesen sein, um damit Amnon um die Ecke bringen zu können. Denn dann wäre Absalom der Thronanwärter.

Nun, diese Frage stellt sich auf beiden Seiten. Es könnte sein, dass Amnon das Ganze inszeniert hat und dass es auf seiner Seite überhaupt nicht um Liebe und Vergewaltigung ging, sondern um eine politische Angelegenheit. Möglicherweise wollte er damit auch nur Absalom bis zur Weißglut reizen. Es ist beides möglich. Genau deswegen sage ich, dass David leider Gottes seine Nachfolge offen gelassen hat, obwohl er das möglicherweise eben sogar mit Absicht getan hat, weil er glaubte, dass er sich dadurch seine Söhne gefügig halten könnte. Im Hintergrund spielt natürlich die weltberühmte Batseba eine Rolle, die ihren Sohn, den nach diesen großen »Löwensöhnen« späten Sohn Salomon, ins Spiel bringen will, der eigentlich gar nicht an der Reihe wäre. Absalom ist außer sich vor Zorn und schwört Rache an Amnon.

Er entwickelt dann einen hinterhältigen Plan.

Ja, er räumt ihn wirklich aus dem Weg. Da diese Kriminalgeschichte zwischen Absalom und Amnon recht kompliziert und verworren ist, will ich sie kurz zusammenfassen: Absalom, der wie die anderen Söhne bereits ein eigenes Vermögen hatte, sagt eines Tages zu David: »Vater, ich feiere demnächst das große Schafschurfest!« Im Orient ist das bis heute ein herrliches Fest. Da wird getrunken, gefeiert und getanzt, denn von dieser Schafschur lebt der vermögende Mann: Das ist genug für Kleider und Leder. Selbst Pergament macht man daraus, wenn ein Schaf nicht nur geschoren, sondern geschlachtet wird. Man lebt wirklich vom Schaf, es sei denn, man hat noch ein paar Kühe und Ochsen – aber die wurden in der Regel eher angebetet. Nun, zu dieser Schafschur lädt er seinen Vater und seine sämtlichen Geschwister ein. David sagt darauf aber – und das erinnert mich jedes Mal so an das englische Königshaus: »Nein, danke, lieber Junge, aber wir kommen nicht alle auf einmal zu einer Festlichkeit. Es gehen auf keinen Fall alle Söhne und ich zusammen auf so ein Fest! Wir können das Königreich nicht leer stehen lassen und es der Gefahr ausliefern, dass es wegen eines Unglücks dann auf einmal überhaupt keinen Regenten mehr gibt.« Das hört man aus England auch immer. David sagt, er kommt auf keinen Fall und es sollen, bitte schön, auch nicht alle Söhne auf einmal kommen. Daraufhin lädt dann der Absalom seinen ganz »lieben Bruder« Amnon ein. Seinen Leuten sagt er dazu: »Seht zu, dass er das Beste vom Besten bekommt. Er soll etwas zu trinken bekommen. Und wenn es dann soweit ist, dass er betrunken ist, dass er die Kontrolle verliert, dann bringt ihn um.«

Man kann sagen, dass er ihn ziemlich hundsgemein umbringen lässt, richtiggehend hinterhältig. Er weiß auch um die Schändlichkeit seiner Tat und muss daher sofort fliehen. Er kann sich nicht mehr an den Hof von David wagen.

Ja, das tut er. Er hat es in diesem Fall etwas leichter als die anderen Söhne, denn er kann zu seinem Großvater nach Geschur jenseits des Jordans gehen. Dieses Gebiet jenseits des Jordans spielte eine große Rolle: Es war ein andauernder Verkehr hin und her und her und hin. Im Norden gab es Plantagen mit Heilpflanzen; im Süden gibt es das Tote Meer, wo wiederum das Salz bekanntermaßen eine große Rolle gespielt hat – auch wir in Europa wissen doch, wie kostbar früher das Salz gewesen ist; da hat es schon ganz schön interessante Entwicklungen und Austauschverhältnisse gegeben. Absalom flieht und versteckt sich bei seinem Großvater. Drei Jahre lang geschieht dann zunächst einmal gar nichts.

David klagt um seinen Sohn Amnon. Denn er muss ein besonderes Verhältnis zu seinen Söhnen gehabt haben, wie wir später dann aus seiner Klage um Absalom erfahren. Absalom sitzt also in der Verbannung, und nach diesen drei Jahren schaltet sich mit einem Mal ein Vertrauter ein.

Das war nicht nur ein Vertrauter, denn in der ganzen Absalomgeschichte spielen die Berater eine große Rolle. In diesem Fall ist es eine Beraterin, und ich will das auch ganz stark betonen, denn als Frau bekommt man das immer wieder aufgetischt, dass gesagt wird, die Frauen würden in der Bibel angeblich immer nur eine marginale Rolle spielen. Aber auch in dieser Geschichte spielt wieder eine Frau eine ganz wichtige Rolle! In dieser Geschichte spielen insgesamt sogar fünf Frauen regelrecht heldenhafte Rollen. Aber sie sind einfach nicht so berühmt geworden, was schade ist. Nachdem Absalom drei Jahre in der Verbannung ist und nicht zurückkommen kann und darf, spielt Joab, der Vetter und Feldherr von David, eine wichtige Rolle. Er erbarmt sich dieses

Jungen, der da in der Verbannung sitzt. Er ruft nach einer klugen Frau, denn genau so heißt sie auch, wenn man ihren Namen übersetzt: »Ischa chachama«.

Joab denkt, dass David wohl am leichtesten durch eine Frau zu überzeugen sei.

Vielleicht. Später in der Geschichte gibt es dann natürlich auch noch kluge Männer wie Ahitofel oder Huschai. Auf jeden Fall erzählt diese Frau David ein Gleichnis. Sie macht das wundervoll, denn sie bringt das alles in Gedichtform. Im Deutschen kommt das leider nicht zum Tragen. Sie spricht in einem Gleichnis zu David. Wer übrigens Augen hat und sehen will, der sieht eben auch den Mutterboden der Gleichnisse Jesu. Sie erzählt eine Geschichte, die sie selbst betrifft. David sagt ihr dann, was sie in dieser Frage tun solle. Und er bestätigt sie: »Du hast ganz recht in dem, was du fühlst.« Am Schluss sagt sie dann aber: »David, es geht hier eigentlich um deinen eigenen Sohn!« Indem David auf ihr Gleichnis einging und ihr gute Ratschläge gab, tappte er in die Falle, denn er muss sich nun als König natürlich genauso verhalten, wie er es dieser Frau geraten hat. Er kann nicht zurück, und so bestimmt er, dass Absalom nach Jerusalem zurückkehren darf. David ist in seinem Inneren immer noch sehr zerrissen. Absalom darf zwar wieder nach Hause zurückkehren und auch in der Gesellschaft wieder seinen Platz einnehmen, aber David gewährt ihm keinen Zutritt zu ihm, zum König. Da ist nichts zu machen.

Absalom muss zwei Jahre lang warten, bis er endlich zu David vorgelassen wird.

134

Ja, und das ist eine lange Zeit für einen jungen Mann. Diese spannende Geschichte geht nun zunächst einmal wieder drunter und drüber, aber wir müssen sie hier ein wenig raffen: Nach zwei Jahren kommt es endlich zur großen Versöhnung. Auch das geschieht wieder aufgrund der Vermittlung von Joab. Und abermals ist eine Frau sehr hilfreich. Danach dann kommt es jedoch zu dieser ganz großen Rebellion.

Zunächst einmal wirft sich Absalom vor seinem Vater nieder und bittet ihn um Verzeihung. David öffnet daraufhin seine Arme und drückt seinen Sohn an die Brust. Er glaubt, damit sei nun wieder alles im Lot. Im Hintergrund steht hier aber auch so etwas wie eine Strafe des Herrn: Das heißt, David muss für eine bestimmte Schandtat, die er begangen hat, büßen. Er hatte nämlich die Schandtat begangen, Uria umbringen zu lassen. Uria, der Feldherr, war der Ehemann der Batseba. Dafür muss David bestraft werden: Es wird nicht hingenommen, dass er als König den Mord an Uria angeordnet, also den Untergebenen in den Tod geschickt hat.

Das ist essenziell wichtig, denn was für ein Beispiel gibt das für das Volk ab? Und der Umgang mit solchen Geschichten ist in der israelitischen Tradition sehr groß. Man weiß doch, wie sich die Borgias und alle anderen Geschlechter in der europäischen Tradition verhalten haben: Zwischen denen ganz oben und denen ganz unten waren Lichtjahre Unterschied. Während die ganz oben quasi alles durften, durften die da unten natürlich nichts. In der Bibel ist es jedoch so: In dieser Geschichte sind es die Propheten Nathan und Gad, die zu David sagen, dass so ein Verhalten auf keinen Fall ungesühnt bleiben kann. Sie sagen zu ihm: »Du wirst vor Gott nicht anders dastehen als alle anderen aus deinem Volk!« Wir hören also die für das ganze Volk sehr wichtige Botschaft heraus, dass alle gleich sind vor Gott. Das ist gewissermaßen eine Form von Demokratie: Auch der König wird von Gott nicht bevorzugt behandelt.

Er darf sich nichts herausnehmen.

Ja, sollte er nicht, aber er macht es nun einmal. Und daher muss er auch mit den Folgen leben. Wie sehen diese Folgen aus? Gott nennt ihm die Konsequenz, und die Propheten bestätigen ihm das. Wir wissen das konkret im Zusammenhang mit dem Propheten Nathan, der später Batseba bei der Thronfolge zugunsten von Salomon hilft. Nathan ist total engagiert hinsichtlich der Frage der Thronfolge und des Fortbestehens dieser Familie. David sieht sich aufgrund seines Verhaltens folgenden Konsequenzen gegenüber: Er bekommt zwar die Zusicherung, dass die Königsfolge auch weiterhin in seiner Familie bleibt, die Könige bleiben also davidisch. David selbst bleibt der Messias Israels als Vater und Gründer. Er wird in der Absalomgeschichte an einer Stelle bereits im Hebräischen als »Messias« Israels angesprochen. Gott verzeiht ihm, und er behält die Thronfolge und den Messias-Anspruch, und das ist natürlich sehr viel. Die Strafe aber ist, er muss Buße tun, eine Buße, die keineswegs harmlos ist. Es wird ihm Folgendes gesagt: »Solange du lebst, David, wird Krieg herrschen in deinem Reich! Das hast du dir selbst eingebrockt!« Denn Uria war doch an der Front umgebracht worden. Die zweite Folge ist: »Das, was du Uria angetan hast mit seiner Frau, die er so geliebt hat, wird dir selbst auch passieren!« Genau darauf stoßen wir nun in dieser Absalom-Geschichte.

Absalom ist intelligent und hübsch und weiß, dass die Leute auf ihn abfahren. Er merkt dann, dass sich die Zentralgewalt Davids in Jerusalem immer stärker etabliert. Aus diesem Grund sagt er sich, ich will doch mal sehen, ob denn die Leute mit dieser Zentralgewalt alle wirklich so zufrieden sind. Damit wiegelt er aber im Grunde die einfachen Leute, vor allem die Bauern im Norden, auf.

Diese hässliche Geschichte hat mit der damaligen Wiedervereinigung zu tun: Auf all deren Probleme verweist sie, denn die Wiedervereinigung war damals gerade ein Menschenalter her. David hatte zunächst einmal sieben Jahre lang in Hebron regiert. Danach dann, als König der Einheit, regierte er 33 Jahre in Jerusalem. Das sind natürlich noch keine langen Zeiten. Es gibt also immer noch gewisse Probleme mit dieser Wiedervereinigung, und genau darauf zielt Absalom recht schlau ab. Er hetzt also auf, und wir treffen dabei auf die verschiedensten Leute, nämlich auf Leute aus dem Umfeld des alten Königs Saul. Aber auch Enkelkinder von Saul selbst sind da mit dabei.

Er sagt zu ihnen: »Ich würde viel besser Recht sprechen als David!«

Ja, aber nicht nur das. Er sagt zu ihnen: »Das Unrecht, das euch Benjaminiten geschehen ist, würde ich wieder gutmachen!« Da kommen die alten Rivalitäten der Stämme wieder zum Tragen, so wie heute die Sachsen und Thüringer meinetwegen gegen die Bayern. Die Situation damals war keineswegs wirklich heil. Es gibt Konflikte zwischen dem »Haus Josef«, den Stämmen Ephraim und Manasse, den Söhnen Josefs und den Nachfahren von Benjamin, dem Bruder Josefs. Die Leute laufen in Scharen zu ihm über, weil sie immer noch grollen und deswegen jeden Grund gerne annehmen. Wenn ich das auf die heutige Zeit übertragen und ein Beispiel geben darf: Das war so, als würde man heute der Nachfolgepartei der Kommunisten in der Ex-DDR einen Grund geben, der dafür sorgt, dass sie viel Volk hinter sich scharen könnte. So müssen wir das sehen. Und genau diese Leute hetzt Absalom auf. In der Bibel werden uns dazu ganz konkrete Gegebenheiten geschildert. Auch hier spielen wieder Frauen eine große Rolle. Nehmen wir die Gegebenheit um Scheba Ben Bichri: Das ist ein Mann, der in dieser unruhigen Zeit sofort eine kleine Separatrebellion gegen David macht. Die Männer sind eigentlich schon verloren, aber wieder rettet eine kluge Frau die Sache. Joab kommt an und baut einen riesigen Belagerungsring um die Stadt auf, in der sich der Rebell versteckt hält.

Dann aber kommt eine Frau und sagt: »Macht mal langsam, ich werde das in Ordnung bringen. Ich werde Verhandlungen führen.« Sie verhandelt, und Scheba Ben Bichri wird von der Stadt tatsächlich ausgeliefert. Auch das ist ein Konflikt zwischen dem »Haus Josef« und dem »Haus Juda«, also den Leuten um David. Das Ganze spielt in einer schweren Zeit. Und der Prophet Gad sagt David: »Du hast eine schlimme Zeit als König mitsamt deiner Verantwortung für das Volk. Du kannst entweder sieben Jahre Dürre erleben« – und damals hat es natürlich noch keinen Kanzler gegeben, der da gleich Geld locker gemacht und Getreide aus den USA oder der Ukraine importiert hätte; Dürre war damals etwas Schreckliches, man ist wirklich verhungert oder musste das eigene Land verlassen – »oder drei Jahre Krieg oder drei Tage Pest!« Das ist wirklich ein grausames Bild, wie das auch später in den großartigen mittelalterlichen Bildern festgehalten wurde. Ich habe den Eindruck, dass David daraufhin gesagt hat: »Ich will in die Hand Gottes fallen und nicht in die Hände der Menschen!« Damit hatte er natürlich Recht.

Er fällt allerdings in die Hände seines Sohnes Absalom, der immer mehr Leute um sich versammelt.

Er spielt sich als Richter auf. Er sagt: »Mein Vater hat mich bereits befugt, ich kann also als Richter auftreten!« Natürlich für alle Benachteiligten! Das wäre so, als würde man heute alle Benachteiligten in der Krankenkasse und bei der Rentenversorgung einfangen, indem man ihnen sagen würde, man hätte die besseren Rezepte. So fing damals auch diese Sache an. Und nun kommen wir schön langsam zur allergrößten Geschichte in diesem Zusammenhang, nämlich zum Verrat.

Absalom braucht hierfür erneut jemanden, der ihn aus dem Hinterhalt unterstützt. Hier spielt nun Ahitofel eine große Rolle. Er ist der wichtigste Berater Davids.

Daraus lerne ich, dass Absalom so klug nun gar nicht gewesen sein kann: Er war schlau, aber nicht klug. Und das ist immer gefährlich. Absalom hatte Ahitofel wohl unter anderem auch deswegen gefunden, weil dieser der Großvater der Batseba gewesen ist. Ich habe sehr viel über diesen Ahitofel gelesen. Er war 33 Jahre alt, als er gestorben ist. Für biblische Verhältnisse ist das sehr jung, denn viele der Gestalten, von denen wir heute sprechen, wurden 80, 90 Jahre alt. Und ich habe sogar noch etwas zu Ahitofel gefunden, das ich allerdings nicht beweisen kann: Sokrates soll ihn sogar schon zitiert haben. Im Mittelalter ist dieser Ahitofel aber auf jeden Fall zitiert worden. Er soll wirklich sehr, sehr klug gewesen sein. Sein Name ist übrigens sehr merkwürdig, ein Name, der

nicht noch einmal vorkommt in der Bibel. Er heißt nämlich entweder »tofel«: Das bedeutet so ungefähr »Nie-
drigkeit«. Normalerweise sind die Namen in der Bibel ja
sehr aussagekräftig, hier jedoch ist die Sache mindestens
zweideutig. Denn sein Name könnte sich auch von »te-
fila« ableiten: Er wäre dann ein Mann des Gebetes, ein
frommer Mann gewesen.

Ahitofel läuft zu Absalom über.

Ich habe mir lange den Kopf darüber zerbrochen, was
der Grund dafür gewesen sein könnte, denn die Affäre,
die David mit Ahitofels Enkelin Batseba hatte, ist ja her-
vorragend für sie ausgegangen. Vorher war Batseba
zwar als Gattin des Hethiterhauptmanns Uria im davidischen Heer ganz gut situiert gewesen, aber im Vergleich
zu der Stellung, die sie nun innehat, war das gar nichts.
Batseba hat Karriere gemacht, das ist gar keine Frage. Es
bleibt also ein großes Rätsel, warum Ahitofel übergelau-
fen ist. Ich glaube, dass er einfach persönliche Gründe
gehabt hat. Er wusste genau, dass Absalom auf Dauer
diese Sache mit seiner Enkelin Batseba und dem bereits
heranwachsenden klügsten Sohn von David, nämlich
Salomon, nicht würde durchstehen können, denn Salomon war wirklich klüger als alle anderen Söhne.

Absalom plante jedenfalls einen richtigen Feldzug gegen sei-
nen Vater.

Absalom macht sich die Sache sehr einfach: Er sagt sich:
Amnon ist schon weg, und der Nächste wäre er selbst.
Aber er hat Angst, verdrängt zu werden, denn diese
Frage ist immer noch offen.

Aus diesem Grunde will er gleich Nägel mit Köpfen machen und seinen Vater David vom Thron stoßen. Er sammelt also ein Heer von Bauern und Hirten von der anderen Seite, von der Josefs-Seite und denen, die in Transjordanien leben. Dann rücken diese Kräfte gegen David vor. Das Heer Absaloms wächst immer weiter, und David bekommt es mit der Angst zu tun.

Ja, mit Recht. Er sieht ja das Problem zwischen dem Stamme Juda und dem Hause Josef. Aber auch David hat seine Anhänger: Er hat die Priester und deren Söhne. Er hat also die Priester Zadok und Abjatar, die dann gleich, und das ist sehr wichtig in einer Stammesgesellschaft, die Bundeslade in ihre Hände gelegt bekommen. In dieser Bundeslade ist nichts Merkwürdiges und Geheimnisvolles enthalten: Das sind nur die Tafeln vom Sinai. Abjatar und Zadok als Hohepriester nehmen sie zunächst mit. Nachher aber sagt David zu ihnen: »Bringt sie nach Jerusalem zurück, denn vielleicht kehre ich selbst auch dorthin zurück.« Und das rechne ich David hoch an: Er involviert diese Tafeln nicht in seine Auseinandersetzung mit Absalom. Die Söhne der beiden Priester, Ahimaaz und Jonatan, werden dann zu geheimen Spionen Davids in Jerusalem. Wieder kommen zwei Frauen vor. Denn es geschieht Folgendes: David flieht in der Nacht aus Jerusalem hinunter zum Jordan. Jeder Tourist kann sich das heute anschauen.

David flieht, und Absalom besetzt dann mit seinem Heer Jerusalem. Was macht er, damit deutlich wird, dass er jetzt der König ist?

Da gibt es nun diese beiden giftigen Ratschläge von Ahitofel an den jungen und doch irgendwie blöden Absalom. Und genau das kann man ihm nicht verzeihen. Ahitofel sagt ihm nämlich: »Geh ein zu den zehn Konkubinen von David!« Dabei geht es um die Nebenfrauen von David, nicht um die Hauptfrauen, die Mütter der Thronfolger. Das ist bis auf den heutigen Tag im Orient und auch im Fernen Osten gang und gäbe: Wenn ein neuer König den alten König verdrängt, ihn umbringt oder ihn ins Exil schickt, dann bemächtigt er sich seiner Konkubinen. Dies sagt Ahitofel dem doofen Absalom: »Geh ein zu den Konkubinen!« Und das ist wiederum genau das, was seinerzeit Nathan David vorausgesagt hatte: »Was du dem armen Uria mit seiner süßen Batseba angetan hast, das wird auch dir passieren!« Und hiermit ist das passiert. Man kann zumindest sagen, dass es die Menschen so gedeutet haben. Aber Ahitofel gibt noch einen weiteren, einen zweiten bösen Rat. Die Situation ist so, dass David über den Jordan hinüber nach Transjordanien geflohen ist. Ahitofel, klug und raffiniert, sagt daher zu Absalom: »Ich kann dir jetzt mit dem Schofar, mit diesem Widderhorn, 12 000 Mann zusammenholen. Mir gehorchen diese Leute, ich kenne dieses Gelände, und noch heute Nacht werden wir David hinterherjagen. Wir werden diesen alten und schwachen David verfolgen, der sich auf seiner Flucht noch nicht hat organisieren können! Heute Nacht noch machen wir ihn fertig!«

Und er sagt dann: »Dich, Absalom, rufen wir zum König aus!«

Daraufhin sagt aber Absalom – und hier kommt doch die göttliche Fügung ins Spiel, die bewirkt, dass David der Messias bleiben soll –, dass man auch noch den anderen Berater anhören sollte. Genau dies sollte man nicht machen: Man sollte nie zu viele Kommissionen ins Leben rufen und zu viele Berater anstellen. Dass es überhaupt diesen anderen Berater gibt, ist schon eine riesengroße Kränkung für Ahitofel.

Ahitofel hat völlig Recht: Absalom könnte mit dieser Vorgehensweise seinen Vater wirklich besiegen und selbst auf den Thron kommen.

Nüchtern betrachtet und wenn wir Absalom unterstützen würden, was ich selbstverständlich nicht mache, dann muss man sagen, dass Ahitofel einfach Recht gehabt hat. Aber es gibt da inzwischen noch einen weiteren Berater, diesen Huschai. Und genau deswegen sage ich immer: Nur nicht zu viele Kommissionen! Wenn der Absalom auf den einen Berater, auf Ahitofel, gehört hätte, dann hätte er gewonnen.

Nun muss sich die Geschichte langsam aber auch umdrehen: Auch Absalom muss letztlich für seine Schandtaten büßen. Der zweite Berater kommt von David.

Er ist tatsächlich von David bei ihm eingeschleust worden. Hier liegt wieder eine tolle Krimigeschichte vor, einschließlich dem Mitwirken von zwei wichtigen Frauen, von sozusagen zwei Mata Haris! David ist inzwischen ziemlich schwach und müde und am Tiefpunkt seiner Macht angelangt, als er auf der anderen Seite des Jordans ankommt. Obwohl der Jordan im Sommer sehr trocken ist, kann natürlich auch dieser Fluss recht groß werden. Der »Vater Rhein« ist ja auch manchmal recht trocken im Sommer und dann, zu anderen Jahreszeiten, überflutet er ganze Städte wie meinetwegen Koblenz. Auch der Jordan kann recht stürmisch sein. Der David ist auf der Flucht und ist elend beieinander. Er hat aber einen Freund namens Huschai, den Arkiter. Es gibt in diesem

Zusammenhang die These, dass viel, viel später dieser Nachname »arki« etwas mit dem griechischen »Arche« zu tun hätte. Huschai wäre dann so etwas wie ein »Arche-Herzog« von David gewesen. Später wird dann aus dem »Arche-Herzog« der Erzherzog.

Huschai ist also einer der Erzberater von David. Wieder andere sagen jedoch, dass er aus dem Ort Huschai stamme: Das ist in der Nähe von Jerusalem. Huschai stamm aus Juda und ist damit einer der alten Kumpels von David. Trotz aller Schwäche kennt sich David natürlich immer noch sehr, sehr gut aus, und so beauftragt er diesen Huschai: »Geh hinauf zu Absalom!« Aber Huschai meint: »Was soll ich dort machen? Absalom weiß doch, dass ich dein Getreuer bin.« David sagt aber: »Sag ihm: So wie ich deinem Vater gedient habe, so diene ich jetzt dir! Es geht für mich weiter, die Kette der Tradition geht für mich mit dir weiter!« Huschai soll tun, als ob Absalom der neue König sei, den man einfach respektieren müsse. Er geht zu ihm und bietet sich als Berater an. Absalom ist recht stur. Er nimmt das Angebot an und meint, man solle jetzt auch seinen Rat hören. Er sagt zu Ahitofel: »So, jetzt will ich mir mal die andere Kommission anhören!

Wobei es zu Ahitofel geheißen hat: »Sein Rat war so, als ob man Gott direkt befragte!« Ein so hohes Ansehen hatte er.

Ja, er war aber auch unglaublich von sich eingenommen – so wie man mit 33 Jahren halt ist. Huschai weiß natürlich, dass Ahitofel klug ist und er eigentlich Recht hat: David ist tatsächlich schwach und nicht organisiert. Wenn man ihn noch heute Nacht bergab – und nicht bergauf, denn zum Jordan geht es von Jerusalem nun einmal bergab – verfolgen würde, dann wäre David erledigt. Das weiß Huschai, und deswegen sagt er: »Weißt du, Absalom, der Ahitofel ist ein kluger Mann, das wissen wir alle. Ich, in aller Demut, kenne das Land ebenfalls, ich wohne hier und ich halte diesen Rat dennoch für schlecht. Warum? Dein Vater ist ein Tiger, und ein verletzter Tiger ist enorm gefährlich. Diesen verletzten Tiger willst du angreifen? Er ist verletzt, und deswegen wirst du jetzt nicht fertig mit ihm. Kein Ahitofel der Welt wird mit einem verletzten Tiger fertig. Warte also ab und sammle 100 000 Leute aus dem Volk und nicht nur 12 000 Leute. Dazu brauchst du höchstens ein paar Wochen. Mit diesen vielen Leuten wirst du ihn dann endgültig und für immer besiegen können.« Diesen Rat nimmt Absalom an. Aber genau damit gewinnt Huschai für David die entscheidende Zeit: Er hat damit David das Leben gerettet und es ermöglicht, dass die Linie von David weiterhin herrschen wird.

Ahitofel sieht jedoch sofort den Betrug und sagt: »Das wird schiefgehen! Ich habe nichts mehr zu melden hier am Hofe!« Er reitet daher mit seinem Eselchen nach Hause, richtet seine Geschäfte und erhängt sich. Ein schreckliches Ende.

Das war brutal. Er wusste ganz genau: Wenn diese Sache langfristig gut ausgeht, und das macht nach Huschais Rat ganz den Eindruck, dann ist er unten durch. Denn er hat den Rat mit den Konkubinen gegeben und er hat geraten, noch in dieser Nacht die Entscheidung zu suchen. Grauenhaft, wenn das gemacht worden wäre: Das ist gar nicht auszudenken. Nun aber, nach Huschais Rat, geht es darum, wie man diese Botschaft aus Jerusalem, wo Absalom, Ahitofel und Huschai beraten, hinaus zu David nach Transjordanien bringen kann. Das ist wie in einem Krimi im Fernsehen beschrieben: Absalom nimmt den Rat von Huschai an: Wie kann diese Botschaft nun zu David gelangen? Wie kann man ihm mitteilen, dass nichts Gravierendes passieren wird, dass er aber weiter Land gewinnen sollte? Es wird in dieser Nacht nicht zur entscheidenden Schlacht kommen. Das hatten sie am meisten gefürchtet, denn darauf wären sie nicht vorbereitet gewesen. Es gibt aber diese beiden Priester, Abjatar und Zadok, und deren Söhne Jonatan und Ahimaaz: Sie kooperieren alle geheim mit David! Ich nenne diese Gruppe immer die »Weiße Rose Davids« – allerdings die erfolgreiche, im Gegensatz zur wirklichen Weißen Rose. Die Nachricht wird dann in einem Stafettenlauf von Jerusalem hinunter an den Jordan gebracht. Die andere Seite merkt jedoch, dass etwas los ist. Und erneut kommen hier zwei Frauen ins Spiel und retten die Situation. Die Läufer, die diese Nachricht übermitteln sollen, kommen in eine Stadt, in der ihnen aber bereits die Verfolger auf der Spur sind. Die Läufer verstecken sich daher in einem Brunnen. Eine dieser Frauen, eine Magd, deckt daraufhin diesen Brunnen ab und macht ganz schnell eine Getreidetenne daraus, indem sie das Korn darüberwirft. Das ist doch unglaublich, dass sie das tut! Wie mutig, wie tapfer und wie gescheit sie ist! Als dann die Verfolger kommen, denken sie sich: »Na gut, eine Korntenne ist hier unter Bauern ja gang und gäbe.« Sie fragen daher diese Magd, wo denn die beiden Läufer abgeblieben seien. Sie sagt, quasi nach der »Melodie« von Rahab: »Keine Ahnung, sie waren da, ich habe sie gesehen« – sie will da gar nichts leugnen – »aber bei mir hier beim Dreschen in der Tenne sind sie nicht. Sie müssen weitergelaufen sein, da kann man nichts machen.« Eine andere Frau – schon wieder eine Frau! – läuft dann daraufhin zu David und bringt ihm die Botschaft, dass Huschais Rat angenommen worden ist. Es gibt dann aber trotzdem eine kriegerische Auseinandersetzung im Anschluss daran, aber das ist noch nicht die Auseinandersetzung auf Leben und Tod, denn die kommt erst später. Das Merkwürdige ist bei alldem, dass David, der sich ja über all die Jahre hinweg recht wenig um seine Kinder gekümmert hatte, jetzt andauernd Gewissensbisse bekommt.

Er hat unter Absalom wirklich gelitten. Dennoch sagt er: »Wir müssen jetzt zwar gegeneinander kämpfen, aber schont mir bitte meinen Sohn in dieser Auseinandersetzung! Tut ihm ja nichts zuleide!« Eigentlich hätte er sagen müssen: »Schaut, dass er möglichst rasch getötet wird!« Nein, er wünscht, dass man ihn schont.

David möchte, dass man Absalom schont, aber merkwürdig ist das schon, denn er hat doch sein Leben lang nichts getan für seine Kinder. Jetzt aber heißt es immer wieder und wieder: »Schont mir das Kind! Schont mir das Kind!« David nennt Absalom einmal »das Kind« im Beisein seines Feldherrn. »Absalom, mein Sohn, mein Sohn!« Joab, dem verantwortlichen General, platzt daraufhin aber der Geduldsfaden, und er schreit David regelrecht an: »Verdammt noch einmal, ist es dir lieber, wenn wir krepieren?« Ich sehe ihn genau vor mir, diesen Joab, wie er seine Geduld verliert. Es gibt dann daraufhin wirklich einen ganz bitteren Krieg. Ich hatte vorhin schon erwähnt, dass die Wiedervereinigung noch nicht wirklich in Ordnung gewesen war: Die Stämme streiten, und so sehen wir deutlich eine Gegenüberstellung von ehemaligen Nordstämmen und den Judäern, den Stämmen hinter David. Per saldo gelingt aber dann doch der Sieg, und David kommt mit dem Leben davon.

Dieser Krieg findet in einer Waldgegend statt, im Efraim-Hain. Die Truppen Davids kennen sich dort sehr viel besser aus als die Bauern aufseiten Absaloms, die aus dem Norden kommen. Das heißt, die Truppe Absaloms ist auf dieses Gelände nicht eingestellt und verliert die Schlacht natürlich. Absalom selbst muss fliehen.

Ja, und dann kommt das, was ich vorhin schon einmal kurz erwähnt habe. Er flieht und bleibt mit seinem herrlichen Haar auf dem Tier reitend am Ast eines Baumes hängen. So etwas kann durchaus passieren, wenn man so viele, lange und herrliche Haare hat.

Man hätte die Haare aber doch abschneiden können.

Ja, aber das war eine große Anstrengung, denn mit was hätte man sie denn abschneiden sollen? Scheren gab es ja noch nicht. Aus diesem Grund gibt es heute noch die Schläfenlocken der Juden, die im Laufe der Jahrhunderte zur Tradition wurden.

So müssen wir auch die Sache mit dem Nasiräat sehen. Es gibt im Zusammenhang mit Absalom ein paar Stellen, an denen das Nasiräat vorkommt: Absalom habe ebenfalls ein Nasiräat auf sich genommen, um sich beim Volk lieb Kind zu machen und damit die Leute sehen, wie fromm er ist. Das Nasiräat bedeutete, dass man zeitbegrenzt – für sieben Jahre und nie länger, also nie ein Leben lang – eine Entsagung auf sich nimmt. Diese Entsagung bedeutete, dass man keine alkoholischen Getränke zu sich nehmen und dass man sich die Körperhaare nicht rasieren durfte.

Man ist damit ein Asket auf Zeit.

Ja, aber es ging hier, Achtung, nicht um die Sexualität, das muss man wirklich betonen. An sich wird das aber von den Propheten gar nicht gewünscht. Auch im Neuen Testament gibt es eine Stelle, in der Paulus zu einer Festlichkeit kommt, wo gerade bei einem Mann das Ende eines Nasiräats gefeiert wird. Man fragt sich als Leser, warum jemand, der, um Gott einen Gefallen zu tun, auf etwas verzichtet hat, nachher ein Opfer bringen muss. Die Antwort im Neuen Testament ist dieselbe wie hier: Gott will das gar nicht, das machen nur die Menschen für sich. Gott hat ihnen das Haar geschenkt, also sollen wir unsere Haare auch genießen. Es gibt Wein, also trinke Wein, ohne dich sinnlos zu betrinken.

Wir sehen Absalom am Baum hängen. Die bildende Kunst hat diese Szene immer wieder dargestellt, weil sie wirklich sehr plakativ ist. Absalom ist hilflos und könnte doch eigentlich gefangen genommen werden. Aber da entscheidet dann Joab: »Nein, jetzt ist Schluss!« Und gegen den Wunsch Davids tötet er ihn mit drei Stichen.

Ja, wobei ich aber nicht weiß, ob dieser Wunsch von David wirklich echt gewesen ist. Die Affäre um Absalom ist damit jedoch noch nicht zu Ende, denn er hat noch viele, viele Anhänger aus der »ehemaligen DDR«. Das sind jedenfalls Anhänger des Saul noch und noch. Und so kommt wieder eine Frau ins Spiel: In dieser Geschichte haben wir wirklich tapfere Frauen kennen gelernt. Ein gewisser Scheba aus der Sippe Benjamins rebelliert erneut und zieht eine Riesenaffäre ab. Aber erneut kommt eine Frau und verhandelt.

Wir müssen noch die Schlussszene beschreiben. Die Nachricht vom Tode Absaloms wird David überbracht. Auch dies geschieht wieder auf sehr verzirkelten Wegen.

Ja, das hat eben im Orient, genauso wie in Griechenland oder im Fernen Osten, eine große Bedeutung: dieses Überbringen von Nachrichten. Das ist eine schreckliche, eine furchtbare Geschichte. Manche Herrscher haben den Überbringer der schlechten Nachrichten umbringen lassen. Es ist im umgekehrten Fall allerdings auch bekannt, dass das Bankhaus Rothschild – Amschel Mayer Rothschild und seine fünf Söhne stammten ursprünglich aus Frankfurt – damals große Börsengewinne erzielen konnte, weil ihre Läufer, ihre Nachrichtenübermittler, die ihnen die Nachricht von der Niederlage Napoleons bei Waterloo brachten, schneller waren als die von der Konkurrenz. Sie konnten dann billig Papiere kaufen und damit einen großen Gewinn machen. Auch in unserer Geschichte spielt so ein Läufer eine gewisse Rolle. Als eines Tages beim König Jehu von Israel zwei andere Könige als Gäste am Tisch sitzen, kommen am Horizont plötzlich eine Staubwolke und ein riesiger Lärm auf. Jehu und seine Gäste bekommen dann nur erklärt: »Das ist der Meschuggene! Der Läufer!« Es kommt ein Läufer an seinem Lager an und dann der nächste Läufer – und so weiter. Sie bereiten dann alle zusammen David auf die schlechte Nachricht vor.

Wie reagiert David auf diese Nachricht?

Er ist außer sich, er will es gar nicht wahrhaben. Er ruft nur noch: »Mein Sohn, mein Sohn! Absalom! Absalom! Jetzt ist der auch noch tot!« Das ist wirklich eine Elegie, denn er hatte schon Amnon verloren. Aber letztlich glaube ich, dass es ihm recht war, dass er tot war.

Trotzdem ist das ein bitteres Ende, ein bitteres Ende auch für David.

Elischa – der getreue Nachfolger des Propheten Elija

(2. Könige 2–13)

Die Geschichte Elischas, des Wunderpropheten, muss mit Elija beginnen, dem großen Gerichtspropheten, der an Israel verzweifelt ist. Am Schluss hat Elija sogar gesagt: »Herr, es ist das Ende gekommen, lass mich raus aus dem Spiel!« Er sitzt da und ist verzweifelt. Dann aber, in einer ganz seltsamen Geschichte, in der Jahwe nicht im Donner, nicht im Sturm, nicht im Brausen erscheint, sondern im Säuseln des Windes, erhält er einen Auftrag, in dem Elischa zum ersten Mal genannt wird.

Das war ein ganzes Paket, über das eine Menge zu sagen wäre. Da ist die große Szene des Elija am Horeb, am Sinai. Erstens einmal muss man feststellen, dass sich Elija in seiner harten Reaktion gegenüber den Baals-Priestern geirrt hat. Er wird daher von Gott abberufen. All das kommt in dieser Geschichte langsam heraus. Aber ganz kurz will ich noch etwas anderes streifen: Obwohl er über Israel schimpft, obwohl er wie eine Mutter oder ein Vater dieses Land wie ein unartiges Kind schilt, kommt am Schluss doch wieder seine Liebe zu Israel heraus. Trotzdem wird er aber abberufen. Genau darin finde ich aber auch seine Größe bestätigt. Er wird nämlich von Gott beauftragt, seinen Nachfolger selbst einzuführen. Das ist keine Kleinigkeit. Man muss nur einmal an die heutigen Politiker denken: Sie treten ab und hinterlassen häufig eine ziemliche Unordnung bei den ihnen Anvertrauten. Elija erhält drei Aufträge politischer Art. Das war eigentlich sowieso das Gebiet der Propheten: Sie waren politische Mahner! Einer dieser Aufträge ist, den König von Aram zu ernennen. Das ist eine großartige Sache, denn damit zeigt sich, dass diese Geschichte keineswegs nur auf Israel alleine zentriert ist.

Das ist wirklich erstaunlich, denn ihm wird gesagt, er solle nach Damaskus gehen und dort Hasaël zum König von Aram salben.

Damit wird bedeutet, dass eben alle Kinder Gottes sind. Es zeigt sich an dieser wie auch an anderen Stellen der Bibel: Die Bibel ist keineswegs israelzentrisch. Die anderen Völker werden ebenfalls von Gott bedacht. Jona geht sogar so weit, dass er die fremden Heidenvölker in Ninive im heutigen Persien warnt. Der König von Aram soll also von Elija gesalbt werden. Das schafft er aber nicht mehr. Der zweite Auftrag lautet, seinen eigenen Nachfolger einzuweihen. Und er soll einen weiteren König salben: Jehu, den Nachfolger des bösen Ahab und der noch böseren Königin Isebel von Samaria.

Vor der ist er auf der Flucht, weil sie ihm angedroht hatte, ihn umzubringen. Aber das ist nicht unsere Geschichte. Wir befinden uns im neunten Jahrhundert im Norden Israels. Der Prophet Elija begibt sich auf seinen Weg durch die Wüste, wie es im Auftrag heißt, in Richtung Damaskus. Dabei trifft er auf Elischa. Wiederum eine sehr interessante Szene, eine, wie man beinahe sagen könnte, Genre-Szene.

Im Grunde genommen treffen sich da alte Bekannte, denn beide stammen aus einer Gegend, die wir heute Transjordanien nennen. Dort wohnten ja ebenfalls Israeliten. Elischa war Landbesitzer und Hirte wie die meisten Propheten. Dass er ein Hirte ist, ist natürlich nur ein

Bild. Moses und Jesus und viele andere verwenden immer wieder Gleichnisse aus dem Hirtenleben: Denken Sie nur einmal an das verlorene Schaf oder an die Fürsorge für ein krankes Schaf. Es geht also um den Hirten, der imstande ist, so einen Auftrag auf sich zu nehmen. Beide sind Hirten, aber Elischa kommt aus einer begüterteren Familie Er ist viel begüterter als Elija, denn er pflügt mit vielen Gespannen. Als Elija nun Elischa beim Pflügen auf seinem Land antrifft, gibt er an ihn den Auftrag weiter, indem er einfach seinen Mantel über Elischa wirft. Der Mantel spielt in der Geschichte der beiden Männer eine große symbolische Rolle. Elija ist nicht vermögend, aber mit dem Mantel drückt er Autorität aus. Alle ringsherum wissen das. Man beobachtet das genau. Wir haben heute noch unsere Insignien der Autorität. Jede Gemeinschaft hat ihre eigenen Symbole und Insignien. In diesem Fall ist das der Mantel. Wenn Elija und später auch Elischa den Mantel aufs Wasser werfen, dann wirkt der Mantel als solcher keine Wunder: Das ist kein Wasserteiler. Nein, das ist ein Symbol: Das symbolisiert Gottvertrauen und die Überzeugung, dass man der Bote Gottes ist. Später, wenn die große Szene kommt, in der Elija in den Himmel fährt, bekommt Elischa seinen halben Mantel.

Zunächst sagt Elischa zu Elija: »Lass mich zuerst noch zu meiner Familie zurückkehren. Lass mich dort Abschied nehmen, dann komme ich mit dir!« Hier taucht bereits eine interessante Tatsache auf. Schon in jener Zeit scheint eine Gemeinschaft von Jüngern existiert zu haben. Sie bestand aus Prophetenjüngern, wie es heißt. Elija hatte also bereits eine solche Gruppe bei sich. Noch deutlicher wird dann Elischa selbst mit Jüngern umgeben sein.

Ja, ich würde sagen, dass das Schüler, Studenten von ihm sind. Denn wir haben in der israelitischen biblischen Tradition 48 etablierte Propheten. Wenn man aber alle zusammenzählen würde, dann würde das mehrere Hundert ergeben. Ich würde daher sagen, dass diese Leute um die Propheten herum tatsächlich wohl so etwas wie Jünger gewesen sind. Das war so wie später bei Jesus. Die großen Propheten haben sehr wohl bereits viele Leute angezogen. Es war allerdings keineswegs einfach, mit ihnen umzugehen, aber es war sehr attraktiv, mit ihnen mitzugehen. Natürlich hat es damals auch bereits so etwas wie Prophetenschulen gegeben. Auch Saul hat ja seinerzeit einer Prophetenschule angehört. Damit ist allerdings keine Schule in unserem Sinne gemeint: Es ist wohl besser, wenn man das eher eine Prophetengruppierung nennt.

Eine Gruppe, die im Lande umherreist, sie waren Wanderprediger mit Gefolge.

Das spielt zwar auf ganz anderer Ebene, aber assoziativ erinnert mich das an einen Guru. Die Leute, die damals dort umherzogen, waren keine Schriftpropheten und hatten nicht viel Ahnung. Bald, nachdem Elija in den Himmel gefahren ist, treten erneut diese Jünger, die Prophetenschüler, auf und sagen zu Elischa: »Elischa, gib uns frei, wir gehen drei Tage lang in die Wadis.« In der Wüste Negev gibt es schrecklich öde Gegenden: Das sind oft ausgetrocknete Flusstäler. Heute gehen bei uns auch manche Leute in die Berge und machen dort in ehemaligen Flusstälern die gefährlichsten Touren. Diese Schüler sagen jedenfalls: »Wir wollen uns umsehen, denn möglicherweise ist Elija nur in so eine gefährliche Gegend gegangen und ist stecken geblieben. Wir suchen ihn!«

Elischa aber sagt zu ihnen: »Lasst es sein! Lasst es sein! Er ist gen Himmel gefahren!« Das ist selbstverständlich nur eine Metapher. Die Schüler gehen aber trotzdem los, weil sie das nicht glauben. Drei Tage lang sind sie unterwegs. Für uns heute ist das unglaublich aktuell: Wir glauben die Himmelfahrt ebenfalls nicht!

Diese Jünger kommen dann zurück und sagen zu Elischa: »Wir haben ihn nicht gefunden. Er muss doch gen Himmel gefahren sein.«

Wir müssen in unserer Geschichte jedoch ein Stückchen zurückgehen. Wir müssen uns vorstellen, dass Elischa eine ganze Zeit lang mit Elija durch das Land gezogen ist: Dabei wurde er bereits als sein Nachfolger aufgebaut. Es kommt dann aber letztlich der Tag des Endes von Elija. Elija weiß das wohl, und seine Jünger wissen das vermutlich auch. Denn sonst würde das nicht so genannt werden: »Er wird hinweggenommen werden!« Diese große Szene wurde bereits erwähnt, eine Szene, die in der bildenden Kunst immer wieder dargestellt worden ist. Der feurige Wagen, der Elija in den Himmel hinauf entführt, wird gezeigt. Eine Metapher, die immer wieder vorkommt. Sie reicht hin bis zum Dogma der leiblichen Aufnahme Marias in den Himmel. Diese Metapher zieht sich durch das Alte wie auch das Neue Testament.

Melanchthon, der Getreue von Martin Luther, ist übrigens so betroffen gewesen, als Luther starb, dass er Luther bei dessen Ableben die Worte nachruft, die Elischa Elija bei der Himmelfahrt nachgerufen hat: »Rechev Israel uparaschaf«, also »Israels Wagen und seine Reiter«. Das ist eine Metapher ähnlich der, dass man sagt, Moses sei den Kuss-Tod gestorben. Das ist nur ein metaphorischer Ausdruck dafür, dass Moses ohne Schmerzen gestorben ist. So verstehen die jüdischen Ausleger den Tod

Moses auf dem Berg Nebo. Auch bei Elija ist das eine Metapher: Gott nimmt die Gerechten direkt zu sich in den Himmel. Im ersten Buch der Könige ist ein gewisser Henoch in den Himmel gefahren. Gott nimmt diese Menschen zu sich, ohne dass sie die Schmerzen des Sterbens hätten erdulden müssen. So kann man das erklären.

Bevor Elija jedoch in den Himmel auffährt, entsteht eine weitere wichtige Szene. In dieser erbittet Elischa von Elija etwas.

Er sagt zu ihm: »Übergib mir bitte deinen Thesaurus, deinen Schatz an Wissen, an Weisheit, an Umgang mit diesem schwierigen Volk.« Elija sagt daraufhin zu ihm: »Wenn du den Mantel haben wirst, dann wirst du doppelt so viele Gaben haben wie ich.« Das ist die große Bescheidenheit des Elija. Elischa nehme ich das auch nicht übel, denn heute würde man sagen, er sei eitel und wäre gerne so wie der Meister, würde ihn am liebsten sogar noch übertreffen wollen. Nein, das ist halt eine schreckliche Verantwortung, die er da übernimmt. Prophet zu sein ist nun mal kein Wunder-Titel, wie wir das heute vielleicht annehmen würden, sondern eine schwere Last. Er ist ein Mahner, und der echte Prophet will gar nicht, dass seine Mahnung, seine schwarze Botschaft eintrifft: Im Gegenteil, er will, dass das Volk, dass die betreffenden Personen umkehren und dass es nicht so weit kommt, wie er es voraussieht, damit sich Gott wieder erbarmt.

Die Propheten leiden an ihrem eigenen Volk, sie leiden an der Untreue des Volkes, leiden daran, dass sich dieses Volk immer wieder ab und zu den Baalsgöttern hinwendet. Elischa begibt sich auf die Wanderung: Er hebt den Mantel auf, der heruntergefallen ist, als Elija in den Himmel aufgefahren ist. Er selbst tut dann sein erstes Wunder, indem er das Wasser reinigt:

Elija hatte ja ebenfalls ein so genanntes Wasser-Wunder voll-bracht. Elischa will damit zeigen, dass er wirklich der Nachfol-ger, der Beauftragte Gottes ist. Er überrascht dann aber sein Volk immer wieder mit vielen verschiedenen Wundern. Auf einzelne davon werden wir noch eingehen. Das Interessante ist allerdings bei Elischa, dass er immer wieder den Versuch unternimmt, sein eigenes Volk dadurch auf den richtigen Weg zu bringen, dass er selbst sogar mit den Aramäern paktiert und ihnen Gutes tut.

Nein, er paktiert nicht, aber er will den Aramäern ein Zeichen geben. Wir erleben solche Sachen auch heute: Ein kluger Politiker gibt dem Gegner ein Zeichen, dass er sich wieder versöhnen will, dass man sich wieder ent-gegenkommen sollte; er will damit zeigen, dass er nicht so schlimm ist, wie es sein Image beim Gegner zu zeigen scheint. Dieses Zeichen gibt auch Elischa den Aramäern. Ich finde, das schönste Zeichen ist, dass er dem General der Gegner namens Naaman hilft. Doch davon später.

Zunächst einmal hat Elischa das Wasser von Jericho ge-reinigt. Die Bewohner kommen zu Elischa und sagen zu ihm: »Schau, welch eine schöne Stadt. Seit damals diese Geschichten gewesen sind, sind doch nun schon wieder so viele Jahrhunderte vergangen. Bitte komm doch zu uns und hilf uns, denn bei uns ist das Wasser nicht ge-nießbar.« Er geht dann mit ihnen nach Jericho und wirft etwas in diese Quellen hinein, und das Wasser ist wieder genießbar. Ich muss sagen, dass das damit zusammen-hängt, was für alle Propheten gilt: Sie sind nämlich alle Männer der Natur. Sie leben oft monatelang in selbstauf-erlegter Einsamkeit. Das fängt bei Moses an und geht bis Jesus. Ich habe noch nie davon gehört, dass am Chiemsee oder am Titisee riesige Gottesoffenbarungen stattgefun-den hätten. In diesen Wüstengegenden kommt dies jedoch oft vor. Wahrscheinlich hat das damit zu tun, dass in solchen Gegenden der Prophet von Verlockungen und Verführungen frei ist. Diese Menschen lernen in der Wüste einfach sehr viel. Sie lernen den Umgang mit den Kräften der Natur: Aus welchem Felsen kann ich Wasser herausschlagen? Wo gibt es eventuell Heilpflanzen? Wie lange kann ich unter diesen extremen Umständen aushalten? Wo gibt es Schatten? All das lernen sie bei diesen langen Wanderungen. Dabei begegnen sie natürlich auch noch älteren Leuten, die ihnen wiederum ihre eigenen Erfahrungen weitergeben. Aus diesem Grund weiß einfach so jemand wie Elischa in diesem Fall, wie man mit diesem Wasser umgehen kann. Von da an sind die Wasser von Jericho wieder rein. Hinzu kam natürlich jeweils die enorme Ausstrahlung dieser Propheten.

Die Wasser sind wieder heil, und dann geschehen noch andere Wunder. In einer Hungersnot wenden sich die Menschen ebenfalls an Elischa und bitten, er solle sich doch etwas einfallen lassen. Er wirkt dann tatsächlich Wunder, die für mich deswegen erstaunlich sind, weil das Symbole sind, die weiterwirken: Es geht um die Vermehrung von Brot. Dann das Wunder der Vermehrung des Öls bei einer Frau, die deshalb, weil ihr Mann gestorben ist, von den Gläubigern ausgebeutet werden soll. Elischa sagt ihr: »Nimm dir ein paar Krüge, und du hast ja einen einzigen Krug voll mit Öl. Fülle aus diesem Krug die anderen Krüge auf. Du wirst sehen, dass alle Krüge voll werden und dass sogar noch etwas übrig bleiben wird.« Auch bei den Broten bleibt am Ende noch etwas übrig. Was mich wundert, ist die Tatsache, dass in der christlichen Theologie und auch im Neuen Testament dieses Vorbild Elischa nur ganz knapp angedeutet wird.

Dieses Vorbild wird auf jeden Fall nicht groß herausgestrichen. Im Grunde aber vollzog Elischa bereits im Alten Testament alle Wunder, die dann auch Jesus vollbringt.

Darüber habe ich schon viel nachgedacht und geschrieben. Elija ist für die christliche Tradition einfach viel wichtiger im Hinblick auf Jesus. Man kann aber nicht beide gleichzeitig als Vorbild nehmen. Wenn ich der christliche Kompilator gewesen wäre, dann könnte ich auch nicht beide als Vorläufer für Jesus hernehmen. Elija hingegen kommt Dutzende Male als Vorläufer und als Beispiel vor: Am Tabor, bei der Kreuzigung und den Kreuzesworten wird bei Jesus immer wieder Elija erwähnt. Warum? Einfach deswegen, weil Elija in den Himmel gefahren ist. Und Elischa nicht. Elija ist also der Mann Gottes in den Evangelien. Und Elija wird in der jüdischen Tradition und auch in den Büchern als direkter messianischer Kandidat vorgestellt. Dies ist bei Elischa jedoch nicht der Fall.

Sicherlich nicht, aber es sind doch genau die gleichen Wunder wie bei Jesus, die er vollbringt.

Ja, aber das Christentum will alles toppen und will alles noch ein bisschen stärker und größer haben. Also muss der größere dieser beiden Propheten herhalten. Das ist nun einmal Elija. Und genau aus diesem Grund gibt es diese missverstandenen Worte von Jesus am Kreuz: Er ruft angeblich Elija, was jedoch gar nicht der Fall ist. In den Kreuzigungsworten zitiert nämlich Jesus den Psalm »Eliata, eliata!«, also »Du bist mein Gott, du ist mein Gott!«. Er wird wieder zuversichtlich in dieser Situation.

Die Menschen haben das damals nur falsch verstanden und dachten, er würde nach Elija rufen.

Diese Verwechslung konnte aber nur deshalb geschehen, weil die Leute wussten, dass diese beiden im Hinblick auf ihre messianische Stellung im jüdischen Verständnis, im jüdischen Volk identisch sind. Und genau diese messianische Komponente hat Elischa eben nicht. Natürlich muss ich betonen, dass es bei all diesen Wundern etwas gibt, das einfach mit einem bestimmten Bedürfnis des Volkes zusammenhing – und natürlich auch mit dieser grundsätzlichen Art der orientalischen Übertreibung. Es geht darum, dass die Menschen sagen wollen: »Unser Prophet, unser Lehrer, unser Rabbi hat noch viel mehr Wunder getan!« Über die Jahrhunderte hinweg werden dann natürlich die Wunder immer größer und größer, immer schöner, immer umfangreicher. Das geht so weit, dass es häufig zu einer Konkurrenz kommt: Welcher Rabbi hat mehr Wunder getan? Aber im Grunde genommen ist es schon faszinierend, dass die Wunder häufig ein großes Wissen der Propheten auch um die Naturzusammenhänge beweisen. Sie wussten einfach mehr als der Durchschnittsmensch. Aber letztlich durchbrachen sie nicht die Gesetze der Natur.

Die Bedeutung der Wunder ist nicht nur in der christlichen, sondern auch in der alttestamentarischen Tradition enorm. Auch in anderen Religionen ist das so ähnlich. Warum brauchen die Menschen diese Wunder?

Weil sie eine Stütze suchen! Sie lehnen sich an diesen Menschen, der soviel mehr weiß als sie. Heute würde man hingegen sagen: »Halt, das wollen wir doch mal sehen. Das, was der kann, kann ich auch! Ich gehe in die nächste Bibliothek oder ins Internet und mache mich kundig!« Damals konnte man hingegen nichts dergleichen machen. So eine Person wie ein Prophet hat einfach aufgrund seines Charismas, seines Wissens, seiner Ausstrahlung, seiner Wunder die anderen Menschen ganz wesentlich überragt. Er wurde auch immer umgeben von sehr viel Volk, das ihm den Weg als Wundertäter frei machte. So jemanden brauchten die Menschen einfach. Die Not war wirklich entsetzlich groß, ebenso wie die Ängste, die Krankheiten, die Kriege. Ich nenne mal ein klassisches Beispiel, um zu zeigen, was eigentlich ein Wunder ist: Nehmen wir das Beispiel der Hagar. Hagar sitzt mit ihrem Ismael in der Wüste und ist verzweifelt. Sie kann nicht mehr weiter und weiß nicht mehr ein noch aus. Sie fängt an zu weinen, ihre Augen sind voller Tränen, sie sieht nicht mehr richtig (das Kind Ismael war allerdings nicht acht Tage, sondern 13 Jahre alt). Und da kommt dann plötzlich ein Bote. Das ist das Allerwichtigste: Ein Engel ist immer ein Bote. Das kann ein Mensch sein, das kann ein Vogel sein, das kann ein Rabe sein. Jedenfalls kommt ein Bote, sie beruhigt sich wieder, wischt ihre Tränen ab und sie sieht auf einmal einen Brunnen. Die Schrift sagt nicht, dass sich da der Engel die Ärmel hochgekrempelt und den Brunnen ausgehoben hätte. Nein, dieser Brunnen war schon die ganze Zeit über da. Sie war nur so aufgeregt, beunruhigt und hysterisch, dass sie ihn nicht gesehen hat. Der Engel selbst hat nichts getan: Er hat nur dieses Charisma ausgestrahlt. Das ist das Wunder! So kam es, dass sie diesen bereits vorhandenen Brunnen auch wirklich gesehen hat.

Dichten die Menschen den Wunderheilern die Wunder an oder brauchen die Wunderheiler und Propheten diese Wunder, um ihre Position deutlich machen zu können?

Ich würde sagen, dass beides gilt. Ich würde diese Frage allerdings lieber andersherum stellen. Der Wunderheiler hat einfach mehr Wissen kraft seines Charismas und des Gedankenaustauschs mit anderen. Elischa hat wirklich mit vielen Größen seiner Zeit gesprochen. Er hat viel gelernt. Und er hat auch in der Einsamkeit viel gelernt. In der Wüste hat es diese alten Eremiten gegeben, von denen man ebenfalls über Heilpflanzen, über Wetterbedingungen und dergleichen viel erfahren konnte. So kam es, dass diese Leute viel mehr wussten als der Durchschnittsmensch. Das war gar keine Frage. Die Menschen, das wissen wir doch auch von heute, sehnen sich eigentlich danach: Sie sehnen sich nach größeren Menschen unter sich. Das ist bis zum heutigen Tag so. Ja, ich glaube sehr wohl, dass diese Leute Charismatiker waren und mehr wussten als die anderen. Deshalb konnten sie dann mehr tun.

Elischa soll parapsychologische Fähigkeiten besessen haben.

Man kann ganz bestimmt auch bei anderen Propheten solche Fähigkeiten feststellen. Bei Jesus von Nazareth, der die gleiche »Schulung« durchlaufen hat, würde ich das dann sogar psychosomatische Heilungen nennen. Das bezieht sich auf die Erkrankungen, die wir heute in Zusammenhang mit Psychosomatik bringen. Er hatte sowohl ein großes Wissen von Pflanzen, von Naturkräften, aber er hatte auch ein großes Wissen darüber, wie man das alles den Leuten beibringt. Wenn er Spucke und Sand miteinander anrührt, dann kommt in so einem Moment eben auch die Psychologie mit ins Spiel: Der Betroffene muss daran glauben, dass dieser Mensch namens Jesus auch wirklich ein Heiler ist, dass diese Masse aus Spucke und Sand, die er ihm aufs Auge legt, auch wirklich eine Heilung hervorruft. Ich glaube das wirklich, denn so etwas gibt es bis heute.

Wir haben die kleinen Wunder erwähnt, jetzt müssen wir aber auch die großen in den Blick nehmen. Etwa die schöne Ge-

schichte der Totenerweckung und die der Heilung vom Aus-
satz.

Ich würde am Anfang gerne etwas erwähnen, das sehr wichtig, aber in christlichen Kreisen nur sehr wenig bekannt ist: Auch die Hoffnung auf die Auferweckung der Toten kommt aus dem Judentum. Sie ist bereits im Alten Testament sehr bekannt und dann auch in der so genannten zwischentestamentlichen Zeit. Paulus spricht in seinem Römerbrief 9 bis 11 übrigens von der Auferweckung und nicht von der Auferstehung. Das ist ein sehr reizvoller Unterschied gerade bei Paulus. Denn das macht doch einen gewissen Unterschied. Die Auferstehung meint sozusagen so etwas wie *»do it yourself«*. Das heißt, das macht jemand an sich selbst. Mit der Auferweckung meint man hingegen, dass Gott das mit den Menschen macht. Bei Elischa gibt es gleich zwei Fälle von Totenerweckung. Es ist sehr merkwürdig, dass er, als er stirbt, zwar sehr wohl begraben wird. Es tritt dann aber eine gewisse Unruhe im Volk ein: Auf diesem Friedhof fällt ein Toter unglückseligerweise von seinem Totenbrett in das immer noch offene Grab des Elischa hinein. Und siehe da, der Tote steht auf! Sie sehen, bereits im Alten Testament gab es Auferstehung.

Nun aber zu diesem Mädchen, zu dieser Schunemiterin.

Diese Stadt Schunem muss wirklich etwas an sich haben: Es muss dort immer schon sehr schöne Frauen gegeben haben. Es ist überhaupt so in der Bibel, dass sich die Motive wiederholen. Dagegen spricht gar nichts, im Gegenteil: So kommt schon bei Elija die Stadt Sarepta vor. Dort heißt sie Zarpat, denn »Sarepta« heißt eigentlich »auf nach Zarpat!«. Jesus kommt in seinem einzigen Ausflug außerhalb des Heiligen Landes ebenfalls in die Stadt Sarepta. In unserer Geschichte geht es jedenfalls um eine Schunemiterin. Schunem spielt auch bei David eine Rolle, denn als der alternde König noch einmal eine ganz schöne und junge Frau bekommt, Abischag, kommt auch diese Frau aus Schunem. In Schunem gibt es eine Frau, die diesmal jedoch nicht wie bei Elija eine Witwe ist. Denn Elija hatte in Sarepta eine konspirative Wohnung besessen, als er vor Ahab und Isebel auf der Flucht war. Diese Frau hat einen Mann, und dieser Mann wird in der Bibel als Trottel sondergleichen dargestellt. Die Frau kommt viel klüger und charmanter und witziger weg als ihr Mann.

Zunächst einmal ist diese Frau sehr traurig, weil sie kein Kind bekommen kann.

Ja, aber niemand sagt etwas. Elischa kommt, genauso wie Elija und Jesus in ihren Geschichten, dort vorbei. Er wird in diesem Haus aufgenommen und bekommt sogar ein eigenes Zimmer. Ich nehme an, dass auch er dieses Haus für konspirative Zwecke brauchte, denn er hat wirklich mit den Großen dieser Welt zu tun, was bedeutete, dass er gelegentlich auch fliehen musste. Diese Leute sind keine reichen, dafür aber sehr anständige Leute. Sein Hauptdiener sagt dann eines Tages zu Elischa, dass er sich dafür doch einmal erkenntlich zeigen sollte. Diese Leute haben aber alles: Sie haben gerade geerntet, sie haben genug Knechte und Mägde. Wie gesagt, sie sind nicht direkt arm. Gehasi, der Diener des Elischa, sagt dann zu ihm: »Na ja, ich kann mir schon vorstellen, dass diese Frau darunter leidet, dass sie keine Kinder bekommt.« Damit wir in diesem Zusammenhang nicht auf dumme Gedanken kommen, erzählt uns die Bibel dann, dass Elija ihr ein Kind verheißt: Das ist wie immer eine Annuntiation. Er sagt zu ihr also: »Du bekommst ein Kind!« Und in der Tat, das ist ihr innigster Wunsch. Sie bekommt dann einen wunderbaren Sohn. Man kann nun fragen, ob das ein Wunder war oder nicht. Damit stehen wir wieder vor dem gleichen Problem wie soeben. Man kann das aber auch so erklären, dass mit dieser Annuntiation eine große psychische Ruhe über sie kommt. Solche Fälle geschehen heute noch. Wenn Frauen über lange Zeit keine Kinder bekommen können, dann klappt das manchmal gerade dann, wenn für eine bestimmte Zeit eine große psychische Ruhe und Beruhigung eintritt.

Umso schwerer muss es sie dann getroffen haben, als das Kind stirbt.

Das stimmt. Es gibt dann erneut eine Heuernte: Es ist so heiß, wie es nur irgendwie sein kann bei der Heuernte. Das Kind ist draußen mit besagtem Vater ebenfalls bei der Heuernte dabei und wird ohnmächtig. Der Vater – dieser dumme Mensch! – bringt es heim zu seiner Mutter, anstatt etwas an Ort und Stelle zu tun. Die Mutter ist recht resolut, schaut sich das Kind an und weiß sofort, dass das kein einfacher Fall ist. Das Kind sagt immer nur: »Roschi! Roschi!«, also: »Mein Kopf! Mein Kopf!« Auch dieses »Roschi! Roschi!« ist so ein geflügeltes Wort geworden. Sie sagt daraufhin zu ihrem Mann: »Das ist ein ernster Fall, ich gehe zum Propheten!« So etwas tut man aber nicht: Sowenig, wie man einfach zum Fürsten geht, wenn man nicht gerufen wird, geht man auch nicht einfach zum Propheten, zu einem Mann, der furchtbar in seine Gedanken vertieft und in seine großen Aufgaben verstrickt ist. Hier aber ist es wichtig, denkt diese Frau. Ihr Mann aber sagt zu ihr: »Was ist? Warum gehst du zum Propheten? Es ist kein Feiertag, es ist nicht Sabbat, es gibt doch keinen Anlass dafür!« Er hat einfach nicht begriffen, was mit dem eigenen Kind los ist. Die Frau gibt ihm dann diese wundervolle Antwort: »Schalom!« Das heißt, man kann aus diesem herrlichen Friedenswort »schalom« auch quasi ein Kriegswort machen. Auf gut Deutsch gesagt, gibt sie ihm damit nämlich überhaupt keine Antwort. (Mein Mann und ich haben dieses Wort übrigens auch recht oft gebraucht: Wenn keine Zeit war, um viel zu reden und zu erklären, haben wir einander einfach nur »schalom« gesagt, denn damit war der Fall erledigt.) Auch bei dieser Frau war damit der Fall erledigt und sie rannte zu Elischa. Dieser erfasst die Situation sofort und umfassend: Er erkennt den Kummer und die doppelte Enttäuschung dieser Frau sofort und sagt zu seinem Diener: »Du kannst schneller laufen als ich, hier hast du meinen Stab und lauf schon einmal vor!« (Dieser Stab spielt immer und überall eine wichtige Rolle, auch später bei Jesus.) Als Elischa hinterherkam, war das Kind bereits tot, aber er hat es wiederbelebt.

Damit ist ein weiteres Wunder geschehen. Was geschieht dann noch alles?

Da gibt es diese große Hungersnot, in der eine weitere Frau eine wichtige Rolle spielt. Es wird uns aber klar gesagt, Elischa hatte nichts mit dieser ersten Frau, von der wir soeben gesprochen haben. Ich nehme an, dass die Redaktoren dieser Geschichte genau aus diesem Grund diese andere Frau mit hineinbringen. Es gibt jedenfalls eine weitere Frau, die zu Elischa kommt und zu ihm sagt: »Ich bin am Verhungern!« Er fragt sie: »Hast du einen Krug Öl?« Die Geschichte endet dann damit, dass in ihrem Haus nie mehr Mangel sein wird. Elischa gibt ihr

Zuversicht, sie kann wieder arbeiten und handeln. Interessant ist übrigens, dass damals bei Elija, als er auf dem Berg gesessen ist und verzweifelt war, die Raben kommen und ihm Fleisch und Brot bringen. Das ist schon ein ganz ordentliches Menü, auch für einen Mann. Die Hungersnot wird dann aber ärger, und die Leute wären schon zufrieden, wenn sie wenigstens noch Öl und Mehl hätten. Das ist der Orient: So ist es dort auch heute noch. Elischa sagt zu dieser Frau, die am Verhungern ist: »Du wirst immer genug Öl und Mehl haben!«

Ich möchte noch auf das größere oder interessantere Wunder der Heilung vom Aussatz kommen, denn diese Heilung vollzieht sich bei einem Heerführer des Gegners.

Ja, das ist sehr wichtig. Dies sagt nämlich etwas über die Größe von Elischa aus, und die ist, wie erwähnt, genauso wie bei den anderen Propheten: Elischa ist überhaupt nicht egozentrisch, sondern hat die Augen und Ohren offen für das Geschehen ringsherum. Aram, das ist der Todfeind mit Gestalten wie Hasaël, mit Ben-Hadad und all den weiteren Königen. Aber Elija hatte schon gesagt bekommen, er solle gehen und den König von Aram salben. All das geschieht dann auch so. Uns soll damit gesagt werden, dass sie alle zusammen Kinder Gottes sind, obwohl sie sich untereinander als Todfeinde ansehen. Manchmal beschuldigt der Prophet auch Israel, dass es falsch gehandelt habe, und versucht es im politischen, im irdischen Sinne – und nicht nur gegenüber Gott – zur Umkehr zu bewegen. Wichtig ist, dass wir erfahren, wie diese Leute auf Elischa kommen, denn das fragt man sich doch als Leser dieser Stellen. Es war so, dass dieser aramäische König und sein Feldherr in den Schlachten Gefangene gemacht haben.

Naaman ist der Heerführer, der General des Königs von Aram.

Ja, und dieser Mann war selbst an der israelitischen Front gewesen. Da würden doch heute noch manche sagen: »Dann soll er doch krepieren! Ich denke nicht daran, den Feind zu behandeln!« In dieser Geschichte ist es aber nicht so. Naaman hatte Gefangene gemacht, unter denen auch Kinder waren, und im Haushalt dieses aramäischen Kriegsherrn diente ein kleines junges Mädchen. Naaman hat einen schweren Ausschlag. – Vor einiger Zeit gab es im Fernen Osten diese Krankheit SARS: So etwas Ähnliches lag hier auch vor. Man betrachtete diese Krankheit damals als Geißel, die man nicht wieder loswird, und musste die Infizierten isolieren. So etwas kennen wir ja schon bei Mirjam, der Schwester des Moses.

Das Mädchen sagt etwas zu Naaman.

Ja, sie sagt zu ihm: »Was jammert er denn so? Bei uns zu Hause wäre da sehr wohl Hilfe möglich!« Die Frau, bei der sie dient, sagt daraufhin zu ihrem Mann: »Ich habe dieses und jenes von meiner Sklavin gehört!« »Ach, Quatsch«, meint der aber nur, so wie die Männer halt sind, »lass mich in Ruhe mit diesen Gerüchten! Ich muss an die Flüsse, an das Wasser von Damaskus, und nicht an den Jordan. Der Jordan, was ist das schon?« Wörtlich sagt er sogar: »Wir haben schönere Landschaften!« Aber er ist dann so verzweifelt über seine Lepra oder was das an Hautkrankheit auch immer gewesen sein mag, dass er letztlich doch bei Elischa anfragen lässt, ob er bei ihm vorsprechen dürfe. Mit dieser Anfrage schickt er gleich schon mal eine Menge Geschenke mit.

Der König setzt sich für seinen Heerführer ein und schickt zusammen mit vielen Geschenken eine Botschaft.

Ja, so wie das im Orient üblich ist. Elischa meint: »Ja, ich werde ihn behandeln, ich werde ihn empfangen! Ich glaube, ich kann ihn heilen. Ich werde jedoch kein Entgelt und auch keine Geschenke dafür annehmen!« Das ist etwas Großes, denn sonst ging es in diesen Kriegen ständig ums Rauben, Zerstören, Verbrennen und so weiter. Hier in dieser Frage sind die Propheten jedoch sehr engagiert.

Er heilt Naaman also unentgeltlich.

Ja, ganz bewusst ohne Entgelt. Wie heilt er ihn? Naaman kommt an und will ihm erneut Geschenke überreichen. Die menschliche Seite an dieser Geschichte wird uns in der Bibel eben sehr wohl auch erzählt: Der junge Gehasi, der Diener des Elischa, fasst sich immer an den Kopf, wenn sein Herr diese Geschenke zurückweist: »Warum nimmt er sie denn nicht an!« Gehasi fällt dann aber sehr herein, weil er später Naaman nachläuft und nun etwas aus ihm herausholen möchte. Das Ende vom Lied ist, dass er sich selbst dabei ansteckt. Natürlich sagen dann die Leute: »Schaut nur, der Gehasi hat sich angesteckt! Damit ist Gehasi bestraft worden!« Aber man darf annehmen, dass uns einfach die menschliche Seite dieser Geschichte mitgeteilt werden soll. Es ist zunächst einmal so, dass Naaman zu Elischa kommt. Hier kommt nun erneut die psychosomatische Seite zur Geltung, denn der Elischa sagt ihm nämlich: »Hier ist der Jordan, tauchen Sie soundso oft in seinem Wasser unter!« Naaman bekommt darüber einen großen Wutanfall: »Was! Deswegen hast du mich von Damaskus hierher bemüht?« Der Jordan ist so klein, dass man heute noch im Sommer quasi über ihn drüberspringen kann. Naaman ist also entsetzt und beleidigt. Elischa sagt aber zu ihm: »Das ist meine Methode. Glaub einfach an Gott!« Er bringt immer auch den Gottesglauben mit ein. »Ich bin Gottes Diener!« Er sagt nicht: »Ich bin der große Professor XY!« Kurzgefasst ist es dann so, dass Naaman letztlich doch untertaucht.

Er macht eine Kur.

Ja, er macht eine Kur und wird geheilt. Daraufhin ist er natürlich außer sich vor Begeisterung. Trotzdem, und das ist ein großer Gram, gibt es noch eine sehr traurige Szene zwischen den beiden Männern. Naaman sagt nämlich zu Elischa: »Und trotzdem kann ich die Politik nicht ändern!«

Er kann die Politik nicht ändern, aber er bekennt sich zu dem einen Gott und sagt: »Jetzt habe ich erfahren, dass dein Gott viel größer ist als all die Baals und Beels. Aber leider Gottes bin ich eben auch meinem König unterstellt.«

Das ist etwas Wichtiges: Das ist die hebräisch-biblische Art, nicht zu missionieren. Es wird auf keinen Fall missioniert. Elischa und auch Jona und die vielen anderen machen das Ganze, ohne missionieren zu wollen: ohne Feuer und Schwert der Mission. Sie können höchstens durch Überzeugung jemanden gewinnen. Naaman wird geheilt, die Situation zwischen Aram und Israel bleibt aber weiterhin eine kriegerische. Gut, es gibt dann aber auch wieder einige Pausen bei diesen Kämpfen.

Elischa sagt zu Naaman: »Ich habe Verständnis dafür, dass es dir so geht. Wichtig ist, dass du nun gesehen hast, dass dies der eine, einzige Gott ist. Da du deinem König nun einmal untertan bist, musst du dich so verhalten, das geht nicht anders.«

Wichtig an dieser Geschichte ist, wie integriert Israel laut dieser uralten Geschichten im Mittleren Osten war: mitsamt all diesen Kriegen und Friedenszeiten. Es ist keine Rede davon, wie man den Israeliten immer wieder vorwirft, dass sie ihre Gegner ausgerottet hätten. Nein, das sind Kriege – normale Kriege, wie ich leider Gottes sagen muss.

Im Anschluss kommt es zu der schönen Geschichte mit Gehasi, der letztlich doch etwas für sich auf die Seite bringen möchte.

Bei Gehasi hört's hier einfach auf: Da hat er eine richtiggehende Blockade in seinem Bewusstsein. Dass Elischa von diesem irrsinnig reichen Kerl, der mit Gold und Geschenken angekommen war, nichts angenommen hat! Deshalb wendet er einen Trick an und holt sich doch noch etwas. Darüber ist aber wiederum Elischa sehr empört, denn er wollte doch ein Zeichen setzen: Elischa hat doch Naaman nur im Namen Gottes geheilt!

Gehasi geht noch einmal zu Naaman und sagt zu ihm: »Komm, gib mir doch etwas. Ich habe zwei Arme getroffen, denen ich deine Geschenke weitergeben werde.«

Ja, das kennt man doch, er sagt zu ihm: »Es ist ja nicht für mich, ich gebe das gleich weiter.« Aber er kassiert eben doch für sich selbst. Das gibt es heute noch, wenn solche Herrschaften sagen: »Ich tu es ja nicht für mich. Ich habe da eine Stiftung für Bedürftige.« Das Ganze ist eine recht unanständige Geschichte, und Elischa stößt deswegen einen kräftigen Fluch über Gehasi aus. Das soll uns natürlich die Moral von der Geschichte aufzeigen.

Er wünscht ihm den Aussatz an den Hals.

Ja, den Aussatz, von dem er Naaman gerade geheilt hatte. Ich kann verstehen, wenn er zu ihm sagt: »Ich wünsch' dir, dass du den Aussatz bekommst, den ich dem anderen gerade weggenommen habe!« Auch diese Propheten sind Männer aus Fleisch und Blut und mit Wut im Bauch.

Nachdem wir all diese Wunder haben Revue passieren lassen: Wie steht es mit dem politischen Auftrag Elischas? Er hat zwölf Jahre unter einem König gewirkt und verschwindet dann für eine längere Zeit aus der Berichterstattung der Bibel. Danach dann wird er erneut aktiv. Welche politische Rolle hat Elischa? Was ist seine Rolle als Mahner?

Seine Mahnerrolle besteht in einer Aufgabe, die wir uns heute gar nicht mehr so recht vorstellen können. Es gab nämlich damals nach der tragischen Teilung noch zwei Reiche Israel. David hatte es nicht geschafft, dieses Volk dauerhaft wiederzuvereinigen. Auch Saul hatte das bereits versucht, aber nicht geschafft. Das waren damals einfach Nomadenstämme. Diese Stämme hatten irgendwie noch nicht verkraftet, was sie alles in der Wüste erlebt hatten. Diese Nomadenstämme sollten nun zu einem einzigen Volk zusammengeschmiedet werden, aber daran ist Saul bereits gescheitert. Bei David hatte das immerhin 40 Jahre lang geklappt. Das waren glanzvolle Jahre, aber David hat es leider versäumt, sein Haus richtig zu bestellen. Nach ihm kommt dann Salomo, bei dem das ebenfalls eine glanzvolle Zeit ist. Salomo scheitert jedoch bei der Erziehung seines Sohnes Rehabeam. Denn unter diesem Rehabeam fällt das Reich wieder auseinander. Die Wiedervereinigung platzte, und es gibt von da an ein Nordreich und ein Südreich. Diese beiden Reiche sind leider wieder anfällig für all diese Baale und Beelzebuben und Astarten und die Goldenen Kälber. Das Nordreich mehr als das Südreich, denn das Südreich grenzt an die Wüste Negev, während das Nordreich allen möglichen Stämmen und Völkern gegenüber offen ist. Dieses ist jedes Mal das große Ärgernis für die Propheten. Bei Elija bildeten in dieser Hinsicht Ahab und Isebel den Höhepunkt. Es kam nämlich in diesem Fall erschwerend hinzu, dass Isebel die Tochter des Königs von Tyrus war: Das war doch die Zentrale des Stierkultes!

Wie ist das bei Elischa?

Bei Elischa ist der gleiche Kummer erneut vorhanden. Es gibt in seiner Zeit sehr, sehr viele Kriege, bei denen er jedes Mal mit dabei ist. Es wird ein großer Krieg geschildert, bei dem interessanterweise das Nordreich und das Südreich zusammen mit Edom eine Allianz bilden. Auch das hat es gegeben. Im Zusammenhang mit diesem Kriegsgeschehen werden dann viele Wunder von Elischa berichtet. Diese Kriege gehen manchmal auch gut aus. In diesem speziellen Fall ist das sogar eine historisch richtiggehend aufregende Geschichte: Denn hier kämpfen das Nordreich und das Südreich zusammen mit Edom. Edom ist der Nachfahre von Esau. Diese drei kämpfen gegen Moab, einen der Nachfahren von Lot. Das ist alles sehr semitisch. Der König von Moab weiß, wie man die Israeliten in Weißglut bringen kann. Als er sieht, dass nichts mehr hilft und er die Schlacht gegen diese Drei verliert, opfert er auf der Stadtmauer seiner Hauptstadt seinen eigenen Sohn. Er weiß, dass bei den Israeliten seit Abraham das Menschenopfer abgeschafft ist, egal, ob Sohn oder Tochter. Das ist eine so entsetzliche Szene, dass sie später nicht vergessen wird. Edom, die Nachfahren von Esau, sind in diesem Fall sogar einmal auf der richtigen, der anständigen Seite. Der König von Moab jedenfalls opfert seinen Sohn, um die anderen zu ärgern.

Das empört die anderen natürlich.

Diese ganzen Geschichten um Elischa werden literarisch unglaublich schön geschildert, inspiriert von den Sonnenauf- und -untergängen in der Wüste Negev oder bei den berühmten roten Felsen. Dort gibt es einerseits im Osten Petra und auf der anderen Seite den Krater Maktesh Ramon, wo Ben Gurion begraben ist. Bei bestimmten Sonnenaufgängen ist dort die ganze Landschaft bis heute blutrot. Die Gegner sagten sich damals: »Das ist Blut!« Die Armeen von Israel siegten zusammen mit Edom in dieser Schlacht, weil der Feind wegen dieses blutroten Sonnenaufgangs gedacht hatte, die Israeliten hätten sich selbst umgebracht. Das ist wieder so ein Wunder, das in die Geschichte eingegangen ist, obwohl das eigentlich nur so etwas wie eine Fata Morgana war.

Das war die Rolle des Propheten Elischa: Er hat einerseits Wunder vollbracht, geheilt und den Menschen Gutes getan. Und er hat andererseits Israel wieder auf die rechte Bahn gebracht.

Judit – die Freiheitskämpferin
(Judit 1–16)

Judit, eine Figur, die es in der hebräischen Bibel eigentlich gar nicht gibt. Das »Buch Judit« gehört nicht zu den kanonisierten Büchern des jüdischen Kanons. Aber in der griechischen und katholischen Bibel ist es enthalten. Wir haben kein hebräisches Original, wir haben eine Übersetzung aus dem Griechischen. Und wir wissen gar nicht genau, ob es Judit wirklich gegeben hat. Warum haben denn die Juden das »Buch Judit« nicht in den Kanon aufgenommen?

Der erste interessante Punkt ist, dass »Judit« eigentlich »die Jüdin« heißt. Das ist das Feminin von »Jehuda«: Dieser Name kommt ja x-mal in der Bibel vor. Jehuda war der Stammvater der davidischen Dynastie, der Sohn des Jakob. Und Judit ist einfach nur das Feminin von Jehuda. Und auch die ganze Welt unserer Heldin wird total jüdisch beschrieben: die Gebete, die Gedichte, die Dankworte, die sie spricht.

Nun zur Sache, warum sie nicht im jüdischen Kanon vorkommt. Es gibt ein klares Kriterium: Was nicht im Original erhalten geblieben ist, ist nicht im Kanon enthalten. Das heißt, diejenigen Bücher, die in den hebräischen Kanon aufgenommen wurden, sind über die Jahrhunderte und sogar Jahrtausende erhalten geblieben. Die schönste Bestätigung dafür stammt aus Qumran. Die ältesten handschriftlichen Quellen, die wir besitzen, stammen nämlich aus Qumran. Das sind – das klingt nun fast ein bisschen wie früher in der DDR – mit 99,9-prozentiger Sicherheit alles Quellen der hebräischen Bibel. Judit ist jedoch im Laufe der Zeit verloren gegangen.

Interessanterweise haben die Katholiken und natürlich in der Septuaginta, die, wie ich fast sagen möchte, jüdisch ist, diese Apokryphen, diese außerjüdischen, außerkanonischen Bücher in ihren Kanon aufgenommen. Das sind die Bücher »Judit« und »Tobias«, der im Jüdischen »Tuvia«, also der »Gütige«, heißt. Auch das ist wiederum eine Liebesgeschichte voller Gottvertrauen. Und dort sind auch die Makkabäerbücher mit enthalten. Es kann einem wirklich wehtun, dass solche urjüdischen Texte und Erlebnisse, die wie die Makkabäerbücher so voller Gottvertrauen sind, im hebräischen Kanon nicht enthalten sind. Meiner Meinung nach ist das »Buch Judit« ein Teil dieser Makkabäerbücher. Aber wie erwähnt, es gilt das Prinzip, dass all das, was nicht im Original erhalten geblieben ist, nicht in den Kanon aufgenommen wurde. Das macht den Kanon eigentlich sehr sympathisch. Auch bei Luther fehlen im Übrigen diese Texte.

Glauben Sie, dass es ein hebräisches Original gegeben hat?

Ja, das glaube ich. Ich könnte das sogar nachweisen, denn einzelne Worte, Wortgruppen und Begriffe, ja sogar ganze Ereignisse sind aus einem ehemals vorhandenen hebräischen Original wörtlich übernommen worden. Beim »Buch Judit« sind ganze Handlungsstränge und Motive aus anderen Geschichten der Bibel aufgegriffen worden: Das ist geradezu zum Anfassen konkret. Das sind Handlungsstränge, die von Debora, von Jaël, von Ester oder von den Makkabäern übernommen worden sind. Überall, in den Gedichten, in den Dankgebeten starrt mir eine alte biblische Textsammlung entgegen.

Könnte dieses Buch ein Jude im Exil geschrieben haben? Denn es wird wohl im ersten oder zweiten Jahrhundert vor Christus entstanden sein.

Das ist schwer zu sagen. Ich meine – und das ist nicht meine Weisheit, sondern die Ansicht, die wir aus den Quellen lernen können –, dass es drei Möglichkeiten gibt: Entweder stammt das Buch wirklich aus der Zeit des Exils, also aus der Zeit des Nebukadnezar, der in dieser Geschichte ja prominent vorkommt. Das wäre dann 586 vor Jesus. Das war ein sehr traumatischer Zeitraum, das war die Zeit der Eroberung Jerusalems und die anschließende Verbannung ins Exil. Für diese Datierung spricht, dass eben Nebukadnezar namentlich in diesem Buch erwähnt wird. Und es spricht noch etwas anderes dafür: Auch die Namen der anderen Leute, die dort erwähnt werden, die Namen Bagoas oder Holofernes – das sind vor allem die Namen von Männern –, sind babylonische Namen aus jener Zeit.

Die zweite Möglichkeit, die wir annehmen könnten, lautet, dass dieses Buch aus einer viel, viel späteren Zeit stammt, nämlich aus der Makkabäischen Zeit. Damals hat sich eine verhältnismäßig sehr kleine Gruppe von Makkabäern mit großer Tapferkeit, viel Gottvertrauen und wohl auch mit wunderschönen Gebeten in ähnlicher Art und Weise erfolgreich gegen die Seleukiden, also die Diadochen, die Nachfahren von Alexander dem Großen, verteidigt. Das wäre die überwiegend von den Experten vertretene Meinung. Es stammte dann nicht aus dunkler und nebulöser Vergangenheit, aus dem »Morgengrauen der Geschichte«, wie bei Nebukadnezar. In diesem zweiten Fall gäbe es dann schon konkrete Nachweise aus dieser Zeit: Da gibt es schon Makedonier, Ptolemäer und Seleukiden. Das ist direkt zum Greifen nahe.

Die Möglichkeit drei besagt, dass das Ganze eine Kombination ist. Denn in diesem Buch finden sich auch Motive aus dem »Buch Ester«, aus dem fünften vorchristlichen Jahrhundert.

Es heißt, das »Buch Judit« sei ein Midrasch, ein Buch wie »Tobias«, »Ester«, eine Legende, ein Erbauungsbuch. Noch Luther hat das »Buch Judit« als Erbauungsbuch bezeichnet. In seiner unnachahmlichen Art hat er in seiner Übersetzung gesagt: »Na ja, wahrscheinlich gehört dieses Buch nicht richtig zur Bibel, aber es ist eigentlich ein wunderschönes Buch.« Er hat es sogar regelrecht gepriesen und gesagt: »Zur Erbauung und um sich zu erfreuen kann man das recht gut lesen.«

Das ist einer der Kardinalfehler bei Luther: Er verwendet dieses Wort »erbauend« sehr gerne, aber falsch. Ein kurzes Beispiel: Als seinerzeit Sarah ihrem Mann Abraham die Dienerin Hagar, die ihm dann auch tatsächlich einen Knaben gebiert, praktisch unterjubelt (denn er verlangt sie gar nicht), sagt sie zu ihm bei Luther: »Auf dass ich erbaut werde.« Gemeint ist aber im eigentlichen Sinne, dass sie »bekindet werde«.

Wobei das Wort »erbaut werde« damals etwas anderes bedeutete als heute.

Luther sagte ja selbst von sich – es gibt da konkrete Zitate von ihm –, dass er nicht gut Hebräisch könne. Weil das so ist, kann er sich nicht so hundertprozentig in die hebräische Welt hineinversetzen. Für mich ist völlig klar, dass das »Buch Judit« nicht zur Erbauung dienen kann: Dazu ist es zu echt. Dieses Buch packt einen doch richtig. Es schildert eine Ansammlung von Geschichten, die von Belagerungen handeln und allem, was dazugehört. Es wird uns dort erzählt, dass während dieser Belagerung die Großen der Gemeinde gesagt haben: »Wir geben auf!« Und darüber hinaus kommen in diesem Buch Motive vor, die wir schon kennen, etwa das Wasser. Das Problem des Wassermangels war immer schon sehr groß gewesen. Die Situation in dieser Geschichte ist diejenige, dass die Menschen fast verdursten. Es geht zum Schluss nur noch um fünf Tage: Das ist eine Frage der Frömmigkeit. Die Belagerten sagen nämlich, sie gäben nun Gott noch eine Frist von wenigen Tagen: »Wenn wir in fünf Tagen keine Hilfe von dir bekommen, keine Befreiung erleben, dann geben wir auf!« Insofern ist das Ganze einfach viel zu echt.

Luther hat wohl gemerkt, welche dichterische, sprachliche Kraft sich in diesem Werk verbirgt. Natürlich konnte er nicht gut Hebräisch, aber das hebräische Original hätte auch er nicht haben können, weil nur die Übersetzung existiert. Bei dieser Geschichte scheint jedenfalls ein Dichter am Werk gewesen zu sein. Schön wäre es natürlich, wenn es von einer Dichterin verfasst worden wäre, wenn Judit möglicherweise selbst erzählt hätte, und sie kommt ja auch selbst zu Wort. Böse Leute sagen freilich, dieses Buch sei deshalb nicht in den jüdischen Kanon aufgenommen worden, weil in der Geschichte eine so unglaublich starke Frau die Hauptrolle gegenüber all den starken Männern spielt und das Buch damit eigentlich ein feministisches Buch sei.

Diese Leute haben nicht recht, denn hier liegen ausdrücklich Motive von anderen Frauen der Bibel vor. Da sind Debora und Jaël. Jaël ist sogar auffallend klar erwähnt. Diese hat nämlich den gefährlichen Gegner Sisera genauso umgebracht, wie Judit ihren Gegner umbringt: Jaël hat Sisera mit einem Stück Eisen erschlagen, und Judit tötet den Holofernes mit dem Schwert. Auch Mirjam kommt vor. Im Alten Testament sind die Frauen im Übrigen die größten Dichterinnen, angefangen bei Mirjam. Ohne das Motiv des Mirjamliedes wäre die Geschichte nicht weitergegangen, denn Mirjam hat bei ihrem Auftritt nicht nur die Frauen motiviert, sondern auch die Männer. Oder nehmen Sie Debora, die Feldherrin: Der Feldherr hat es nicht fertig gebracht, aber Debora.

Aber es gibt kein Buch wie das »Buch der Judit«, in dem sich in einem systematischen Aufbau die Hauptgestalt letztlich als Symbol für Israel entwickelt. Sie haben das einleitend schon erwähnt: Ihr Name teilt uns das mit. Damit wird vermittelt, dass Israel gegenüber dem Machtanspruch eines weltlichen Herrschers sagt: »Diesen Machtanspruch können wir nicht hinnehmen! Er ist nicht legitimiert!« Nebukadnezar maßte sich damals an, alle Völker zu besiegen, über alle Völker zu herrschen, sie sich also zu unterwerfen, um sich dann selbst als Gott verehren zu lassen.

So weit, so richtig. Nur eine Sache würde ich gerne präzisieren: Es gibt sehr wohl noch andere Frauen vom Kaliber der Judit. Da gibt es Ester, und wir finden bei Judit ja auch Motive aus dem »Buch Ester«. Da gibt es eine Anrufung der Gemeinde. Sie bittet die Gemeinde, für sie zu beten. Sie ging zunächst einmal in Sack und Asche herum, bis sie sich dann schön macht. All das wird genau beschrieben, aber darüber werden wir später ausführlicher berichten. Bei Ester dauert es ein ganzes Jahr, bis sie die feinsten Kleider, die feinsten Parfüms bekommt. Dasselbe gibt es bei Judit auch. Aus heutiger Sicht könnte man fast sagen, die Damen haben früher Wellness betrieben, sie wären in der Vorbereitung auf einer Wellness-

farm gewesen, bevor sie dann meinetwegen zum Holofernes gehen. Und bei Ruth, bei Debora und allen anderen großen Frauen haben wir dasselbe. Es stimmt nicht,
dass Judit einzigartig ist.

*Wie bereits erwähnt, ist Judit ebenso wenig im hebräischen Ka-
non enthalten wie die Makkabäerbücher oder der »Tobias«.
Doch die Juden haben Judit nicht ganz vergessen. Beim Lich-
terfest wird nämlich von den Frauen sogar ein Judit-Hymnus
gesungen.*

Ja, das stimmt. Diese Texte sind leider anonym eingegangen. Wenn Sie heutzutage in Israel eine sehr fromme
Frau ansprechen und sie fragen, woher ihrer Meinung
nach diese Texte kommen, dann werden Sie die Antwort
bekommen, dass sie das nicht weiß. Hier können wir
aber durchaus ein Auge zudrücken, denn leider Gottes
ist das Wissen darüber heute sehr gering. Einer der aller-
schönsten Psalmen ist der Psalm des Jona, des Propheten
aus Jafo, aus dem heutigen Tel Aviv, im Bauch des Fi-
sches. Wenn man heute jedoch jemanden in Tel Aviv
fragt, woher dieser Psalm kommt, dann wird vermutlich
auch niemand wissen, dass dieser Psalm aus dem Bauch
des Wales, aus dem Dunkeln stammt. Judit ist bis heute
in Israel als Heldin bekannt. Sie gilt sehr wohl als eine
Gestalt, die viel für ihr Volk getan hat. Man weiß, wie sie
das gemacht hat, aber die Texte selbst sind weniger gut
bekannt.

*Kommen wir nun zur Judit-Geschichte, die sich historisch
nicht leicht verorten lässt. Das heißt, der Dichter oder die
Dichterin, wer auch immer dieses Buch geschrieben hat, geht
mit den historischen Daten ziemlich wahllos um. Es wird jedenfalls mit Nebukadnezar und der Judit eine Konstellation*

beschrieben, die wohl doch symbolisch beziehungsweise als symptomatisch zu betrachten ist. Wie beginnt die Geschichte?

Nebukadnezar war ein ganz Grausamer und saß in Mesopotamien. Übrigens hat sich Saddam Hussein in seiner Glanzzeit als Nachfahre und als Reinkarnation des Nebukadnezar verstanden. Nebukadnezar war jemand, der auf höchst blutige Weise die ganze damalige Welt heimgesucht hat. Es ist nun einmal so: Er wollte die Welt erobern. Und Holofernes, sein Feldherr, war dabei der Mann, der ihm gefügig war. Dieser hat für seinen Herrn die halbe damals bekannte Welt erobert: bis zum Mittelmeer im Westen. Das muss man sich mal vorstellen: Das war ein riesiges Reich. All das hatte er bereits erobert und sich die Völker, die dazwischen lagen, gefügig gemacht. Alle haben klein beigegeben. Die Babylonier kamen dann auch ins Heilige Land, trafen dort jedoch auf ein Volk, das einen anderen Gott hatte, das monotheistisch war. Bei Nebukadnezar galt das natürlich nicht, denn er hielt sich selbst für Gott. Er sagte immer: »Ich bin Gott!« Dies alles hat mich ein bisschen an das vergangene Jahrhundert erinnert, als Hitler ebenfalls solche Allüren hatte. Er sprach auch immer von der Vorsehung. (Nebenbei bemerkt: Ich glaube, dass dann, wenn der Nationalsozialismus noch länger gedauert hätte, auch die Christen bald verfolgt worden wären. Hitler hätte keinen anderen Gott neben sich geduldet.) Nebukadnezar wollte damals die ganze Welt erobern: Er hatte dabei das Selbstverständnis, er selbst sei Gott und damit der berechtigte Herrscher über die Welt. Holofernes und die anderen waren ihm dabei treue Helfer. Sie kamen dabei bis ans Mittelmeer, ins Heilige Land. Dort gab und gibt es bis heute einen Bergrücken – ungefähr von Galiläa, also von Nazareth, bis nach Jerusalem im Süden. Wer diesen Bergrücken besaß, konnte sich immer irgendwie halten, denn dort gab es Wasserquellen. Wasser war damals wie heute ein kostbares Gut.

Die Überlegung galt damals, so wie sie heute gilt: »Wem ich das Wasser abgrabe, der ist erledigt!«

Ja, das ist im ganzen Nahen und Mittleren Osten bis heute so. Syrien hat ebenfalls schon mehrfach angefangen damit, Israel mithilfe der Wasserfrage in die Knie zu zwingen, indem es versucht hat, die drei Jordanquellen, die in Syrien entspringen, abzugraben. Bis heute ist das jedoch nicht gelungen. Obwohl doch der Jordan ohnehin nur so ein kleiner, magerer Strom ist. Man stellt sich hier in unseren Breiten immer vor, er wäre so ein Strom wie der Rhein oder die Donau. Nein, der Jordan ist so klein, dass man im Sommer quasi über ihn hinwegspringen kann. Das Wasser spielte und spielt also eine riesengroße Rolle. Besonders in Jerusalem! Jerusalem war, und das ist kanonisch belegt, im Verlauf der Geschichte wegen Wassermangels mehrfach vom Untergang bedroht. Das letzte Mal war das übrigens 1948 der Fall, als die Araber Jerusalem ringsherum abgeschnitten hatten. Die Juden in Jerusalem mussten daher das Wasser bei sich streng rationieren. Die Leute mussten damals wirklich mit dem Geschirr in der Hand um Wasser anstehen. Die größte Leistung von König David bestand darin, dass er einen unterirdischen Kanal hat graben lassen. Damit wurden zwei Quellen miteinander verbunden, und das wiederum war die zentrale Wasserreserve für Jerusalem. Dies ist damals wirklich groß gefeiert worden.

Doch zurück zur Geschichte von Judit. Hier ist derselbe Fall eingetreten: In Betulia, das ist die Stadt, in der Judit lebte, reichte das Wasser gerade noch für ein paar wenige Tage. Wie so oft gibt es auch in diesem Fall auf-seiten der Feinde Israels einen Berater: Man hatte sich quasi einen Verräter engagiert. Sie sagten zu ihm: »Was ist da los? Bis jetzt hatten wir kein Problem damit, die Völker auf dem Weg vom fernen Mesopotamien hierher zu erobern ...«

»... Dort aber gibt es ein einzelnes kleines Volk, das sich immer noch wehrt.« *Alle anderen hatten sich schon Nebukadnezar unterworfen, wie uns geschildert wird. Man meint also, dass es nun Zeit werde, dass auch dieses Volk endlich damit an-fangen müsste, den Großkönig Nebukadnezar zu verehren.*

Genau. Dieser Achior sagt zu Holofernes und seinen »Generälen«: »Es gibt da zwei Punkte, die man beachten muss. Das ist erstens die Wasserfrage. Ihr könnt sie phy-sisch besiegen, wenn ihr ihnen auch noch die kleins-ten Zisternen und Brunnen absperrt!« Denn außer einer, der davidischen Quelle, gab es kein größeres Wasser-reservoir in der Nähe. Darüber hinaus hatten die Israeli-ten ungefähr hundert Brünnlein und Zisternchen. An-chior empfiehlt: »Alles absperren! Dann sind die Leute am Verdursten!« Im heißen Klima des Orients ist das gut nachvollziehbar. Achior, der Ammoniter, sagt aber noch etwas zu Holofernes: »Es gibt einen zweiten Punkt. Dieses Volk hat einen anderen Gott als wir alle im Mittleren Osten! Ich fürchte, meine Herren, dieser Gott wird ihnen helfen. Wenn sie nicht sündigen, dann wird ihnen ihr Gott bestimmt im letzten Moment helfen.« Achior wird offiziell gehört und zu den strategischen Beratungen mit hinzugezogen. Dieser Achior war ein Priester. Auf Seiten von Holofernes ist es natürlich so, dass man sich mit diesem kleinen, lächerlichen Volk nicht länger aufhalten möchte. Der ganze Feldzug soll zügig weitergehen, denn man möchte nun zum Mittelmeer kommen.

Ein erster Konflikt um Judit entsteht. Die reiche und wohlhabende Witwe des Manasse tritt auf und gibt den versammelten »Großkopferten« eine regelrechte Belehrung.

Dabei gibt es lauter interessante Kleinigkeiten, weswegen ich glaube, dass dieses Buch Judit doch echt und jüdisch ist. Die reiche Witwe kommt aus dem Stamme Simeon und ihr Mann aus Manasse. Das sind Einzelheiten, die man eigentlich eher nur von innen heraus beurteilen kann: Simeon ist jemand, der vollkommen unwichtig ist in der Geschichte. Als Christ wissen Sie: Davids Sohn, das ist der Stamm Juda; der Stamm Ephraim, das ist der Stamm Josefs, die große Konkurrenz zu Juda. Die einen sind die Kinder der Mutter Lea, einer Frau des Patriarchen Jakob, während die anderen die Kinder der großen Liebe von Jakob sind, nämlich die Kinder von Rachel, die Stämme Ephraim und Manasse und Benjamin. Und da gibt es einen gewissen Simeon. Er wohnte in der Nähe von Jerusalem. Jerusalem oben gehörte zum Stamm Juda. Man muss bedenken, dass das damals immer irgendwie Stammesgesellschaften waren – auch wenn es bereits einen Staat Israel und das davidische Königtum gegeben hat.

Was sagt Judit den versammelten Herren?

Sie sagt: »Wie kommt ihr dazu, Gott auf die Probe zu stellen? Was heißt das, dass ihr Gott eine Frist von fünf Tagen setzen wollt?« Denn es heißt: »Du sollst kein Zeichen geben!« Dies alles sagt sie in wunderbarer hebräischer Dichtung – ganz im Fahrwasser von Debora, von

Mirjam und Jaël. Sie war also nicht die erste und einzige Frau, die eine große Dichterin im Hebräischen war. Sogar Eva hatte damals schon mit einer kleinen Dichtung begonnen, als sie ihr erstes Kind, den Kain, auf die Welt brachte. Judit sagt also: »Wie kommt ihr dazu, Gott ein Ultimatum zu stellen?« Sie hatten nämlich gehört, dass Achior aus dem Lager des Holofernes berichtet hatte, dieser plane, sie auszutrocknen, indem er ihnen den Zugang zum Wasser versperren wolle: »Nach fünf Tagen werden sie verdursten, und dann werden sie ihr Vertrauen in diesen monotheistischen Gott verlieren. Und dann können wir alles ohne Gegenwehr einnehmen!« Es kommt noch mit ins Spiel, dass Simeon eine eigene Tradition hat: Simeon war derjenige Sohn des Patriarchen Jakob, der damals Dina gerächt hat, als sie vergewaltigt worden war.

Judit bezieht sich also auf Dina.

Jakob hatte ja zwölf Söhne, die späteren zwölf Patriarchen. Und er hatte eine Tochter namens Dina. Diese Dina ist damals von einem gewissen Hamor in der Umgebung des heutigen Nablus vergewaltigt worden. Simeon rächt sie und rettet damit die Ehre seiner Schwester: Er schlägt dort alles kurz und klein. Dina hat wiederum ihre eigene Geschichte.

Judit bezieht sich auf Simeon. Ihr Mann war hingegen Manasse. Das heißt, wir haben eine Kombination vorliegen, die eine Botschaft an das gesamte Israel enthält: Sie geht im Hinblick auf ihre Gesamtnachfahrenschaft auf Simeon zurück. Und andererseits geht sie zurück auf Manasse, auf einen Nachfahren von Josef. In diesem Sinne spricht Judith: »Nein, wir werden Gott nicht auf die Probe stellen. Wir werden beten!«

" all of your descendents"

Sie geht dann sozusagen in Sack und Asche, obwohl sie doch sehr vermögend ist. Judit hat nach dem Tod ihres reichen Mannes nie wieder geheiratet und lebt sehr solide und anständig. Hier finden wir eben wieder das Motiv »Ester«: Ester drängte sich nicht nach vorne und wollte eigentlich gar nicht Königin werden. Das ist übrigens der große Unterschied zu so mancher Politikerin von heute, die jahrzehntelang kämpfen und eine regelrechte Ochsentour absolvieren muss. Judit macht keine solche Ochsentour, sie will nämlich gar nicht.

Sie handelt stattdessen sehr konsequent.

Ja, sie handelt konsequent, wenn es ums Überleben geht. Und es geht wirklich ums Überleben. Sie begibt sich nämlich ins feindliche Lager, während die Männer schon völlig verzweifelt und mutlos waren. Im Zusammenhang mit dem Ammoniter Achior gibt es noch ein paar juridische Fragen: Ammoniter sind die Nachfahren von Ammono Moav, die Nachfahren jener Sündennacht der Töchter Lots, die mit ihrem Vater geschlafen haben. Wir wollen diese Töchter in Schutz nehmen; sie hatten das gemacht, weil sie glaubten, dass sie keine Männer und daher keine Nachfahren mehr bekommen könnten.

Achior ist also ein Ammoniter und Judit eine wirklich weise Frau: Heute würde man sagen, sie ist rabbinisch geschult – damals war das natürlich nicht denkbar. Die Frage ist nämlich, wie ein Ammoniter dazu kommt, sich zu äußern. Eigentlich ging ihn das alles nichts an, weil die Ammoniter seit jener Nacht des Inzests von Israel ausgeschlossen waren. Es gibt jedoch zwei Motive. Das Motiv Nummer eins lautet: »Ich rechne nicht zurück zu Lot, wir sind stattdessen alle Kinder Abrahams.« Und bei Abraham sind alle noch monotheistische Kinder. Judit nimmt diesen Achior an und akzeptiert ihn. Sie geht in ihrer Überlegung zurück bis auf Abraham, was das Christentum übrigens auch macht, deswegen erwähne ich das extra. Sie sagt: »Ich mache das für alle, auch für Achior!« Achior ist dann so überzeugt, dass er später sogar konvertiert.

Judit geht in das feindliche Lager als Spionin und legt dabei meisterhaft Holofernes und dessen Mannschaft herein.

Die Männer um Holofernes sagen, dass das Ganze nicht halb so schlimm gewesen wäre, wenn das ein Mann gemacht hätte. Das waren noch so richtige Machos, wie man heute sagen würde. Die ganze Front bricht anschließend zusammen, als sie verstehen, dass sie von einem Weib hereingelegt worden sind: Wenn es wenigstens ein Mann gewesen wäre, dann könnte man ...

Judit nutzt zunächst einmal alle weiblichen Möglichkeiten, sie geht aber auch strategisch vor.

Sie macht beides. Das ist das Geniale an ihr. Sie nutzt auch ihre weiblichen Reize, schmückt sich, macht sich wunderschön. Sie zieht, da sie vermögend ist, ihre schönsten Kleider an, sie trägt sogar ihren kostbarsten Schmuck.

Die Wächter des feindlichen Lagers liegen ihr beinahe zu Füßen. Sie sagen: »Ja, wenn dieses Volk solche Frauen hat, ...«

Und das hat es, bitte schön.

Man muss sich vorstellen, dass in der damaligen Zeit Frauen ganz selbstverständlich Kriegsbeute für die Männer waren. Das heißt, sie wurden bei einer Niederlage reihenweise verge-

waltigt, denn sie gehörten zu dem, was man sich als Kriegsbeute mitnahm. Auch in diesem Zusammenhang sagt Judit ein
paar unglaublich gute Sätze. Sie sagt, dass Gott Vergewaltigung verboten hat. Auch diese von Ihnen angesprochene Rück-
beziehung auf Dina hat damit zu tun. Zunächst einmal geht
Judit in das feindliche Lager und legt die dort verblendeten
Männer genial herein.

Wichtig ist, dass sie ihre eigene Stadt samt deren Männern regelrecht strammstehen lässt und zu ihnen sagt:
»Wir warten nicht diese fünf Tage ab. Ihr stellt mir kein
Ultimatum mehr gegenüber Gott!« Das ist in der Thora
tatsächlich verboten, denn es heißt dort: »Du sollst kein
Zeichen verlangen von Gott!« Judit ist keine Maulheldin,
sondern sagt zu ihnen: »Wir werden selbst etwas tun! Ich
tu was!« Sie macht sich fertig und geht dann, nur beglei-
tet von ihrer Magd, los. Noch etwas Interessantes ist zu
bemerken: Sie isst koscher und macht damit mehr, als eigentlich notwendig ist. Es ist nämlich ausdrücklich erlaubt – wir können das bei Jesus nachlesen, und das gilt
sogar bis in unsere heutigen Tage, denn in den Lagern im
20. Jahrhundert wurde das genauso gehandhabt –, dass
man in Lebensgefahr auf koscheres Essen verzichtet. Das
Gebot, nur koscheres Essen zu sich zu nehmen, ist also
bei Gefahr ebenso wie andere Ge- und Verbote ausgesetzt. Das ist wirklich gut jüdisch.

Im Buch Judit ist also beschrieben, dass sie wirklich
nur koschere Lebensmittel mitnimmt, und zwar haltbare
Sachen wie Feigen und dergleichen. Ihre Magd hat ein
paar Schläuche und ein paar Krüge mit entsprechendem
koscheren Wein dabei. Das ist rührend und wissend geschildert. Das sind so die Kleinigkeiten, weswegen ich zu
behaupten wage, es sei ein jüdischer Schriftsteller gewesen, der das aufgeschrieben hat.

Judit ist aber nicht nur eine Frau, die viel Gottver-trauen hat, sondern sie ist auch eine Strategin: Das Ganze musste so gemacht werden, dass die gegnerische Seite keinesfalls merkt, dass das eine List sein könnte. Sie tritt vor die Tore von Betulia und geht ins feindliche Lager. Dort sagt sie: »Schnell, schnell, damit meine Leute nicht sehen, dass ich zu euch gehe! Ich habe nämlich eine Bot-schaft für euch. Schnell, schnell!« Denn es konnte nicht so sein, dass sie einfach kommt und dann anfängt, die Leute dort zu verführen.

Sie setzt stattdessen in der Tat zu einer großen Rede an, die et-was Falsches in Aussicht stellt. Sie stellt die Unterwerfung von Israel unter die Herrschaft von Nebukadnezar in Aussicht und sagt zu ihnen: »Auch wir werden bald diesen Herrschafts-anspruch respektieren.« Sie wird dann immer öfter eingeladen, bis sie schließlich sogar zu Holofernes gebracht wird.

Genau. Und dort trifft sie auf einen unglaublichen Reich-tum und eine unglaubliche Pracht. Aber sie kann durch-setzen, dass sie – so erzählt uns diese Geschichte – in ih-rer Fraulichkeit immer noch geschont wird. Es ist nicht so, dass man meinen könnte, sie hätte mit ihm geschla-fen. Nein, es wird ausdrücklich gesagt, dass sie das nicht getan hat.

Aber dieser geile Heerführer wirft natürlich sofort einen Blick auf die schöne Frau und sagt sich: »Die wär's!« Daraufhin lädt er sie ein, nimmt sie in Dienst. Andererseits geht sie aber mit ihrer Magd noch einmal weg. Auch das ist eine ganz wichtige Geschichte.

Das ist strategisch wichtig. Sie geht jeden Abend weg. Sie sagt zu Holofernes: »Es sind nur noch fünf Tage. Lass die

Israeliten dort ruhig verdursten. In fünf Tagen wird dir die Sache in den Schoß fallen. Aber lasse mich bitte jeden Abend, wie wir das gewohnt sind, meine Gebete draußen auf dem Feld verrichten!« Sie geht jeden Abend nach draußen zum Beten. Ihre eigenen Leute sehen sie von oben vom Berg aus, von der Mauer. Denn das war das verabredete Zeichen. Sie macht das deshalb jeden Tag, um sich selbst die Rückkehr-, die Fluchtmöglichkeit offen zu lassen. Denn später muss sie mit seinem Kopf im Sack versteckt wieder zurück zu ihren Leuten kommen. Die Wachleute des Holofernes sind es aber mittlerweile gewohnt, dass sie jeden Abend für kurze Zeit vor den Toren verschwindet, um ihre Gebete zu verrichten.

Interessant ist, dass sich Holofernes an sie heranschleicht. Im Endergebnis lädt er sie zu einem großen Gastmahl ein. Und wie es so geschieht, denn das kommt auch in anderen Geschichten vor, er besäuft sich hemmungslos, und genau das ist ihre Chance. Holofernes ist natürlich blöd, weil er damit auch keine Chance mehr hat, sie zu gewinnen. Sie ist bei ihm, in seinen innersten Gemächern. Sie übernachtet bei ihm im Schlafgemach. Er hatte sich vorgestellt: »In dieser Nacht gehört sie mir!« Aber dann fällt er völlig besoffen um und schläft schnarchend ein. Nun ist ihre Chance gekommen.

Der Bediener und Berater von Holofernes, Bagoas, sagt mehr oder weniger zu ihm: »Da wird man sich zu Hause bei Nebukadnezar schöne Sachen über dich erzählen. Das ist doch ein Witz! Da hast du irgendeine zugegebenermaßen sehr schöne jüdische Frau fünf Tage lang bei dir hocken und hast sie immer noch nicht angerührt? Was ist mit deiner Männlichkeit? Was werden sie daheim in den Straßen von Mesopotamien über dich erzählen, wenn du jetzt nicht bald was unternimmst?« Der Bagoas, diese treue Seele, macht all die schweren Brokatvorhänge zu, weil er der Meinung ist, dass das nicht mehr länger so weitergehen könne: Heute Nacht muss es endlich passieren. Für Judit ist das natürlich sehr günstig, denn Holofernes besäuft sich bei dieser Gelegenheit maßlos. Als sie dann nachher verschwindet, meinen die Wächter natürlich, dass sie wie immer nur zum Beten geht.

Neben dem Bett des Holofernes findet sie dessen Schwert liegen. Ich glaube, dass das ein wichtiger Gesichtspunkt ist: Sie bringt den schnarchenden Holofernes mit seinem eigenen Schwert um. Diese Szene erscheint auf vielen Bildern in der Kunstgeschichte: Man sieht die Dienerin, die einen Sack mitgebracht hat, der Kopf ist abgetrennt und wird in den Sack gelegt.

Judit hat also quasi eine passend große Handtasche mitgebracht. Und der Vorhang spielt eine große Rolle: Sie nimmt diesen Vorhang ebenfalls mit, damit man es ihr zu Hause auch wirklich glaubt, dass das der Kopf von Holofernes ist: Es könnte ja sonst irgendein anderer Kopf sein und ihr niemand glauben, dass sie Holofernes geköpft hat. Davor hat sie noch schnell koscher gegessen. Holofernes und sie sitzen zusammen – das ist ein herrliches Bild –, und während er schlemmt mit allen möglichen Sachen, isst sie ihr koscheres Essen aus dem Sack, aus dem gleichen Sack, in den sie nachher seinen Kopf legen wird. Während diese Festivität immer weiter voranschreitet, kommt Bagoas und verlangt, dass man alle Türen fest verschließen soll. Denn dieser Holofernes hatte sicher nicht nur irgendwie ein windiges Zelt, sondern bestimmt so etwas wie eine Hütte. Bagoas ist der Ansicht, dass es nun endlich soweit sei. Als sie dann wieder herauskommt, ist das für das Wachpersonal nur ihr üblicher Abendgang.

Dann verschwindet sie jedoch und kehrt nicht mehr ins feind-
liche Lager zurück.

Genau, sie läuft nach Hause und schreit nach oben zu ihren Leuten, sie sollten sie ganz schnell hineinlassen. Man
hatte sie zwar jeden Abend gesehen, wie sie dort unten
vor die Zelte trat und betete, aber sie hatte doch fünf
Tage lang keine Anstalten unternommen, zurückzukeh-
ren in die heimatliche Stadt. Wen wir hier auf keinen Fall
vergessen dürfen, ist Achior: Wir dürfen ihm gegenüber
nicht undankbar sein. Sie lädt also Achior auch ein, er
darf mit ihr mitkommen und er konvertiert dann auch.
Bei dieser Konversion des Achior kommt eine ganz
wichtige Sache vor, und deswegen wird sie auch erwähnt: Man vergibt ihm diese Sache mit den Ammonitern und überspringt sie quasi im Rückblick. Auch Ruth
war ja eine Moabiterin: Daran kann man sehen, wie großzügig die Bibel ist, wenn jemand wirklich gottgläubig ist
und umkehrt. Ruth hätte auch keinen Anspruch darauf,
Israelitin zu sein, weil sie eben Moabiterin ist, aber sie ist
dem Gott Israels gegenüber treu. Was macht sie nicht alles aus Glaubensgründen? Auch in ihrem Fall wird also
die Herkunft als Moabiterin vergessen, vergeben und
verziehen. Das sind diese zwei schönen Beispiele: ein
ammonitischer Mann und eine moabitische Frau, die Israeliten werden.

Und dann entdecken die Feinde unten im Lager diesen Rumpf,
und das ist bezeichnend …

Im Buch wird das so geschildert, dass man das direkt
vorlesen müsste. Es vergehen jedenfalls viele Stunden, in
denen sich nichts rührt. Holofernes' Diener sagen sich,
dass man ihn alleine lassen sollte, denn jetzt hat er sie

doch endlich rumgekriegt. So langsam geht ihnen dann aber doch ein Licht auf. Es werden die obersten Stellen alarmiert, als ewig nichts zu hören ist, und die sagen, dass man doch mal bescheiden anklopfen sollte.

Man will vorsichtig nachsehen. Auch diese Szene ist in der bildenden Kunst immer wieder dargestellt worden. Judit ist übrigens die Figur aus der Bibel, die in Musikstücken, in Kompositionen, in Bildern am häufigsten zitiert und dargestellt wird: von Michelangelo bis zu Stuck.

Als man den Rumpf findet, erschrecken sie alle. Das heißt, in dem Augenblick, in dem der Heerführer weg ist, tot ist, ist auch das gesamte Vertrauen in die Kraft des Heeres weg.

Ja, und das ist wirklich oft so und wird in der Bibel auch immer wieder so dargestellt. Wenn der Feldherr versagt, aus welchen Gründen auch immer, dann ist das ganze Heer machtlos.

In dieser Auseinandersetzung muss man immer wieder den Blick auf Judit richten, die selbstverständlich neben all den bereits Genannten in der Geschichte Israels ein Beispiel für einen Glauben ist, der auf Frieden ausgerichtet ist. Das ist ein Glaube, der keine Opfer will, der nicht will, dass Frauen vergewaltigt werden. Das wird wörtlich in der Bibel gesagt.

Es ist vor allem wichtig, zur Kenntnis zu nehmen, dass es sich nicht um einen Aggressionskrieg der Israeliten gehandelt hat. Nein, sie wollen einfach nur in ihrer Heimat in Ruhe leben. Das ist sehr wichtig. Die Aggression kommt von der anderen Seite. Denn man wird wohl fragen dürfen, was eine riesige Armee aus dem fernen Mesopotamien eigentlich an den Ufern des Mittelmeeres zu suchen hat. Die Israeliten wollen nur in Ruhe dort leben und ihren Glauben pflegen. Gut, der Unterschied zu den anderen Völkern ringsum ist natürlich, dass sie einen monotheistischen Glauben haben, aber sie betreiben keine Mission. Genau das lässt man sie jedoch nicht: Man will sie nicht so leben lassen, das ist das Problem.

Gott rettet Israel durch eine herausragende Frau, die den Männern sagt, was zu tun ist. Sie fragt die Männer: »Wo ist euer Gottvertrauen? Ihr habt euer Gottvertrauen einfach weggeworfen!«

Das wird auch in unserer heutigen politischen Lage immer wieder viel zu wenig betont. Ich bekomme immer wieder zu hören, wie gewalttätig es doch in der Bibel ablaufen würde. Aber nur selten sucht man heute nach den Stellen, in denen es um Frieden geht im Alten Testament. Ich mache das jedoch sehr wohl. Denken Sie nur einmal an all diese vielen Konfliktsituationen zwischen Ismael und Isaak, Jakob und Esau, Josef und seinen Brüdern und so weiter: Zu guter Letzt herrscht immer ein großer Friede, auch zwischen Ismael und Isaak. Man kann das heutzutage gar nicht laut genug sagen. Diese Friedensmöglichkeit, diese Befriedung wird heute nicht mehr aus der gemeinsamen Tradition herausgearbeitet. Diese Möglichkeit ist im Mittelalter vom triumphalisierenden Christentum vergessen worden, und sie ist auch heute vergessen – obwohl man sich eigentlich nach Frieden sehnt. Ich kann Ihnen in dem Zusammenhang etwas aus dem Talmud erzählen, der im traditionellen Judentum der Thora gleichwertig ist. Die Exegese ist ebenfalls uralt, es gab sie schon vor den Zeiten des Neuen Testaments und sie wird auch immer weiter betrieben. Im Talmud haben wir ebenfalls einen allerdings außerkanonischen Bericht über Judit, einen ganz wichtigen Fall. Es wird berichtet, dass damals erwogen wurde, auf die Beschneidung der Männer zu verzichten. Denn nach diesem riesigen Wunder, dem Sieg einer Frau über den Holofernes und der Befreiung des ganzen Landes, gab es auf Seiten der Heiden eine große Konversionsbewegung. Die Israeliten fragten sich, was da nun zu tun sei.

Die konversionswilligen Männer hatten natürlich alle eine riesige Angst vor der Beschneidung. Das war immer schon so. Es stellte sich die Frage, ob man auf die Beschneidung verzichten sollte. Diese Überlegung setzte sich zwar nicht durch, aber es hat sie immerhin gegeben. Das zeigt sich daran, dass die Beschneidung des Achior, dieses Ammoniters, ganz groß gefeiert wird: Aus diesem Anlass, dass ein gestandener, erwachsener Mann konvertiert, gibt es ein großes Fest. Bei Paulus später wird dann noch einmal über die gleiche Frage diskutiert, denn die große Aktion des Paulus von Tarsus bestand doch darin, dass er bei seiner Mission unter den Heiden gesagt hat: »Jawohl, die Männer aus dem griechischen Mittelmeerraum haben eine panische Angst vor der Beschneidung!« Daher sagt Paulus: »Gut, wir verzichten auf die Beschneidung! Aber für die Juden bleibt sie bestehen.« Denn er beschneidet ja seinen Gehilfen Timotheus, den Juden Timotheus, mit eigener Hand. Das nimmt ausdrücklich Bezug darauf.

Dass das »Buch Judit« ein jüdisches Buch ist, dafür spricht für mich auch der Schlusshymnus, das Preislied der Judit. Dieser Hymnus steht nämlich ebenfalls nicht einzigartig da, weil in vielen Geschichten des Alten Testaments am Schluss etwas Ähnliches kommt: ein Preislied, eine Klage, die sich zum Hymnus aufschwingt, die in dichterischer Form das Ganze noch einmal charakterisiert. Und im »Buch Judit« entsteht ein grandioser Schluss.

Der ganze Duktus ist absolut jüdisch. Dass man in der Not nach Gott schreit, dass man ihn um Hilfe bittet, dass man ihm sogar Vorwürfe macht – »Wo bleibst du, mein Gott?« –, auch das darf man. Das Hadern mit Gott, das Hinterfragen ist ebenfalls erlaubt. Denken Sie nur an Sara, denn auch sie hinterfragt: »Du gibst uns die Verheißung, und ich bin jetzt fast 90 Jahre alt und habe immer noch kein Kind! Wer soll denn so die Verheißung weitertragen?« Man kann sogar noch bis zur Maria von Nazareth gehen, wo sich ähnliche Motive finden.

Im »Buch Judit« heißt es dann: »Nicht die Männer, nicht das große Heer hat das vollbracht, sondern eine Frau hat Israel gerettet!« Das ist das Motiv Debora, das bei Judit wiederkehrt. Das heißt, das ganze »Buch Judit« kann man auch als die Preisung einer Frau in einer Welt, die mehr oder weniger rein männlich bestimmt war, lesen. Und das heißt schließlich: In der Figur der Judit wird auch die Gleichberechtigung der Frau mit installiert.

In diesem Zusammenhang möchte ich noch erwähnen, dass Judit keine Kinder hat. Und dabei heißt es immer, die Frau, die nicht verheiratet ist und keine Kinder hat, sei wertlos. Sie ist aber aus Prinzip Witwe geblieben, wie uns ausdrücklich und mehrmals erzählt wird. Sie will nicht mehr heiraten: Nach dem wundervollen Mann, den sie hatte, will sie das nicht mehr. Sie hat keine Kinder, und trotzdem setzt sie sich durch. Allerdings ist ihr etwas zu eigen, was nicht jede Frau besitzt: Sie gilt als sehr vermögend.

Sie gilt als vermögend. Aber ihr Vermögen hat ihr bei der ganzen Sache nicht geholfen. Gut, sie hat sich schöne Kleider anziehen können. Wichtig ist, dass sie mit ihren Handlungen bei-

spielhaft geworden ist: Sie ist genau deswegen als große Figur in die Geschichte des Abendlandes eingegangen und immer wieder zu einem Vorbild gemacht worden. Insofern lohnt es sich, ihre Geschichte nachzulesen, in ganzer Länge, diese bemerkenswerte Dichtung aus einer sehr frühen Zeit. Sie preist eine große Frau, eine Frau, die ein Beispiel gibt, wie wir nur wenige haben.